質問でーす

考える力を育てる

子どもの「なぜ」の答え方

左右社

向谷匡史

考える力を育てる　子どもの「なぜ」の答え方

はじめに

子どもの「なぜ」は、親や教師の不意を衝きます。

当たり前――と大人が思っていることに対して、「なぜ」を問いかけてくるからです。

「どうして人に迷惑をかけちゃいけないの？」

「どうして学校へ行かなくちゃならないの？」

「どうして人に親切にしなくちゃいけないの？」

さらに高学年ともなれば、

「努力することに何の意味があるの？」

と迫ってきたりもするでしょう。

答えは、もちろん親にも教師にもわかっています。

わかってはいますが、「常識」とされていることを言葉で説明するのは、とても難しいことです。まして、子どもたちが「なるほどそうなのか」と腑に落ちて理解し、成長の糧になる「答え」を探すとなれば、思わず頭をかかえてしまうことでしょう。

私がそうでした。

いまも、そうです。

私は空手道場で子どもたちを指導し、保護司として不良少年たちに更生を説く一方、僧侶の立場から「人生」をテーマに説法もすれば、作家として執筆活動もしています。そんな経験を通して痛感するのは、子どもの「なぜ」は常に鋭く本質を衝いていることです。なぜなら、子どもの疑問は大人に向けて成長していくためのハードルであり、これを一つひとつ飛び越えていくことによって社会規範を身につけ、価値観や人生観が形づくられていくものだからです。

だからこそ、

「子どもたちの疑問にどう答えるべきか」

「どう答えたらわかってくれるのか」

「その答えが果たして子どもたちの将来に資するのだろうか」

という視点と自問が、親や教師に求められると私は考えるのです。

「そんなバカなこと訊いてないで、勉強しなさい！」

と、返答に窮して叱責で逃げるのは、わが子や生徒の〝成長の芽〟を摘んでしまうことになるでしょう。


とはいえ、日々に追われるなかで「どう答えるか」を考えるのは容易ではありません。そこで、私が二十年にわたって子どもたちと向き合ってきた「実体験」をもとに、回答例として紹介したのが本書です。それも単なる「実体験」ではなく、仏教の視点、保護司の視点、作家としての視点で体験を濾過《ろか》し、そのエッセンスを具体例としてまとめたもので、類書と一線を画しています。

子どもにとって、最初に出会う〝人生の師〟は親であり教師です。願わくば、やがて巣立っていくわが子や生徒の「最良の師」であってほしいというエールを込めて、本書を執筆しました。

親御さんにはもちろん、教師の方々にとって生徒指導に必ずや役立つものと自負する次第です。

子どもたちと私の実際の会話も〝掛け合い〟にして随所に紹介してあります。どうぞ参考にされ〝子育て〟の一助にしていただければ幸いです。

向谷匡史

子どもの「なぜ」の答え方―目次

第4章 社会の「なぜ」に答える

第1章

心の「なぜ」に答える

?

01

なぜ、大きくなったら何になるか考えないといけないの⁉

小学校も三、四年生以降になると、「将来の夢」を語る子と、そうでない子の差が際立ってきます。

――大きくなったら何になりたい？

道場の子どもたちに問うと、

「私はパティシエ！」

「私は看護師さん」

と、おませな女の子は元気よく夢を語ってくれます。

「公務員」

と、現実的な将来像を口にする男の子もいますし、

「ウーン」

と考え込んだきり、首をひねって口ごもっている子もいます。

「私はパティシエ！」——といった〝楽しい夢〟を持っている子は微笑ましくていいのですが、なかには「そんなの、わかんないよ」と反発する子どももいます。将来の夢が描けないところへもってきて、

「何になるの？」

「何になりたいの？」

と、何度も問われ、答えに窮すると、それがさも劣っているかのような目で見られてしまう。

このことに反発していることが、話をしていてよくわかります。

「そうか。あわてなくても、そのうちやりたいことが出てくるさ」

と、やさしく受け流せ——と説く人もいますが、それには反対です。

私は保護司をやっていますが、保護観察対象者になる青少年の多くは、「将来の夢」が語れないでいるからです。

これは私の実感ですが、**子どものころから「将来を考える」という訓練**がなされていれば、非行に走ることも、その日を刹那的に生きることも少なくなるのではな

いか、と思うのです。

　だから、将来に夢を描かせることは大切です。

「なんで、そんなこと考えなきゃいけないの」

と問われたら、むしろ**チャンスと考え、親はきちんと答えるべき**です。

　小学校の中学年以下であれば、現実的な思考がまだできないので、「なぜ」に直接答える必要はありません。親が子どものころにいだいた夢を語って聞かせ、ここを導入として展開するのがいいでしょう。

　たとえば私は、

「大きな船の船長さんになって、世界一周したかったんだけど、船長さんになれなかったんだ」

　と、こんな話を投げかけます。

「どうして？」

「遊んでばかりで、勉強しなかったから。○○君は船長になりたくない？」

「僕は船より、ロケットがいいな」

「どうして？」

「だって宇宙へ行ってみたいもん」

目を輝かせて語ってくれます。

つまり、「何になりたいか」という漠然とした問いかけは、「多数のなかからチョイスせよ」という問いかけであり、これに子どもは戸惑ってしまう。だから「どうして」という反発になったりするのです。

この心理を理解し、**「なぜ」に対しては「私が子どものころ」を持ち出してアプローチ**してください。

高学年になると、男の子に対してはこんな言い方をします。

「山に登るときは、誰だって頂上を見てから登り始めるだろう？　それと同じで、自分が何になりたいか、まずそれを考えることが大切じゃないか」

と、理解しやすいように比喩を用いて話をします。

「だけど、何になりたいかわからないもん」

「じゃ、やりたくない仕事は？」

「机に向かってやる仕事」

「警察官は嫌いか？」

「好き」

「お坊さんは？」

「イヤだ！」

　こんな調子で絞り込みのサポートをします。狙いは「何になりたいか」という答え探しではなく、**〝頂上〟に目を向けることの大切を理解させること**にあります。「何になりたいか」は、成長するにつれて変わっていくものですから、頑張って答えを出す必要はないのです。

　女の子に対しては、情緒的な話をします。

「〇〇ちゃんが成人式を迎えるころ、何やってるかな」

「ウーン。大学へ行ってると思う」

「美人になるだろうね」

「さあね」

「大学を出て何をやるの？」

「わかんない」

「夢を持つのは人間だけって知ってる？　ペットって夢なんか描かないんだって。

将来、何をやっているか、想像するだけでワクワク、ドキドキだね」

なぜ、大きくなったら何になるか考えなければならないのか――という子どもの疑問には、**将来に対するワクワク感を与えること**。これが答えのポイントになるのです。

? 02

心ってどこにあるの？

心は、目で見ることも、手で触ることもできません。

だから子どもは、「心」というものをリアルに認識することができないでいます。

それでも小さいうちは、親の言葉をそのまま受け容れるため、「心の存在」に疑問をいだくことはありません。

「心のやさしい人になってね」

と言えば、

「うん」

と、意味がわからないまま、素直に返事をしてくれます。

ところが中・高学年になり、知識を吸収することで自分の成長を実感する年齢になると、抽象的で、存在証明が不確かなものに疑問の目を向けてきます。「親切」

「やさしさ」といったことも抽象的なことですが、これは具体的な行動をともなうのでなんとなく理解できています。

ところが「心」になると、お手上げです。実体はもちろん、五感を通した知覚も認識もないため、

「心って、どこにあるの？」

という問いかけになってくるのです。

私に、こんな経験があります。

道場で、高学年の女子が問いかけてきました。

「館長（私のことです）、心はあると思う？」

「ある」

と私が言えば、

「どこにあるの？」

と切り返してきます。

「あるに決まっているだろう」

と答えると、

「ブブー！　心なんてなくて、あれは脳のことなのよ」

どこかで聞きかじったのでしょう、得意そうに言いました。

そこで、こう問いかけてみました。

「親切な人のことを〝心のやさしい人〟と言うけど、キミは〝脳がやさしい人〟って言うのかい？」

「……」

「〝心がきれいな人〟のことは〝脳がきれい〟って言うのかい？」

「……」

「嬉しいときに〝心がはずむ〟って言うけど、キミは〝脳がはずむ〟って言うのかい？」

「……」

「心はあるんだ。悲しい映画を観て泣くとき、脳が〝さあ、泣きなさい〟と命令しているのかい？　楽しいテレビを観て笑うとき、脳が〝さあ、笑いなさい〟と命令しているのかい？　人に親切にしようとか、やさしくしようとか、かわいそうだと思ったりするのは、キミが〝心〟という目には見えないものを持っているからなんだ」

心の存在は脳科学でも解き明かされていません。心は脳の働きであるということはわかっていますが、脳全体がどのように作用して心を生み出しているのかは謎のままです。「心」は日常的に口にする言葉でありながら、そんな難問に対して、

「心とは、人間の精神作用のもとになるもの」

と広辞苑を持ち出して説明しても意味のないことですね。

親として忘れてはいけないのは、

「心はどこにある？」

「心って何？」

と問われたときに、**その子の成長にプラスになるような答え方をする**ことです。

先に一例として私の体験をご紹介しましたが、そんな答え方もあるということを参考にしていただき、

「心は目には見えないけど、心には〝美しい心〟と〝醜い心〟があって、一所懸命に磨かなければ、美しい心にはならないんだよ」

といった話に展開するといいのではないでしょうか。

そして、心を磨く方法は、人に親切にすること、やさしくすること、ウソをつかないこと……などなど、**その子の年齢や性格に応じて説けばいい**のです。育っていく過程において、「心」というものを強く意識する子どもは素直に育ち、誰からも愛される人間になっていくのです。

「心？　バカなこと言ってないで勉強しなさい！」

と、叱ったりするのは、まさに〝心の成長〟という絶好のチャンスを逃してしまうことをキモに銘じていただきたいものです。

？
03
なぜ、生き物を殺してはいけないの？

殺してはいけないことは気持ちのうえではわかっていても、「なぜなのか」という理由が、よくわからない。

これが、子どもたちです。

道場で、こんなことがありました。

休憩時間に窓から蜂が入ってきたときのことです。

「あっ、蜂だ！」

と、一人が中空を指さして叫ぶなり、

「やっつけろ！」

「殺しちゃえ！」

と、男の子たち数人が手に空手用具のハンドミットを持って蜂を追いかけ始めました。

「かわいそうだからやめなさい」

私が注意すると、

「刺されたらどうするの?」

と口をとがらせます。

蜂↓刺される↓だから殺す↓どこが悪い――という論理展開ですね。安全ということを考えれば、これはこれで正しいことです。

しかし、「命の尊さ」という視点から見れば、問題があります。自分にとって不要だから、自分にとって危険だから、自分にとって不都合だからといった〝**自分中心の価値観**〟で、**他の命を奪うということが問題**なのです。

私はそう説明しましたが、子どもたちはいまひとつ腑に落ちないようです。

そこで、こう言い直しました。

「あの蜂、名前を〝太郎〟って言うんだ」

「えッ?」

子どもたちが目を剝《む》きます。

「実は、館長が飼っているんだ」

「ウソだ」

と笑いますが、私が「太郎、太郎」と蜂を呼ぶうちに、子どもたちはミットを下ろしていました。名もない〝ただの蜂〟から、固有名を持った蜂になったことで、「殺す」ということに抵抗感が生じたのでしょう。

そのうえで、子どもたちを整列させ、こう問いかけました。

「家で犬や猫を飼っている人？」

「ハーイ！」

と何人も手を挙げます。

「かわいいかい？」

「かわいい！」

そこで、さらに問います。

「どうして、おうちで飼っている犬や猫はかわいいんだろう」

一瞬、詰まってから、

「飼っているから」

「仲がいいから」

「かわいいから」

と口々に言うのを待って、

「この蜂を家で飼っていたら、かわいくなるかな？」

「なると思う」

「僕、亀を飼ってるけどかわいいよ」

「カブトだってかわいいんだぞ」

とワイワイ盛り上がったところで、

「同じ生き物なのに、自分がかわいがっているから殺さない、かわいがっていないから殺してもいい、というのは何かヘンじゃないか？　キミらの身勝手な気持ちで殺される蜂は、たまったもんじゃないね。〝命〟というのは、蜂も、カブトムシも、亀も、人間もみんな平等なんだ」

そんな話をしました。

で、後日談。

雨が降るのか、湿気が多く、羽蟻がたくさん窓から道場に入ってきました。低学

年の子どもたちが踏みつぶそうとするので、

「ちょっと待った！　羽蟻に好きな名前をつけて、外へ出るように話してごらん」

と言うと、子どもたちが床にしゃがみ込み、いまふうのキラキラネームをつけて、

「○○ちゃん、お外だよ」

と、手でやさしく掃き出すようにしたのです。

命の大切さや、「なぜ、生き物を殺してはいけないのか」という、**人間の根幹に関わる問いは、具体的な事実で体験的に得心**させておいて、

「蜂も、蟻も、蛙も、花や木もすべて一所懸命に生きているんだよ。だから殺したらかわいそうだね」

と話を結べばいいのです。

?

04

頭がいいって、どういうこと？

「私は頭が悪いの」

「僕、バカだから」

こんな言い方をする子が、実は少なくありません。

彼らの「頭がいい、悪い」の尺度はテストの成績であり、「頭が悪い」「バカ」という言葉は——言い方はどうあれ——わが子の反発を期待する親心の反映であると言ってもいいでしょう。

テストの成績はともかく、「自分は頭が悪い」という劣等感は人格にも影響し、自信の持てない人間になってしまうことが懸念されます。

だから、私はこういう子に接すると、

「キミは頭なんか悪くない。とても素晴らしいじゃないか」

と励ますのですが、素直に受け取る子は少なく、

「どうして？　どうして僕の頭がいいの？　頭がいいって、どういうこと？」

疑心の目で問いかけてきた男の子もいます。

さて、何と答えるべきか。

「頭がいい」という定義は一筋縄ではいきません。記憶力の良さもその範疇に入るでしょうし、一を聞いて十を悟る人、大人社会で言えば統合・分析・整理して解決策を見いだす能力も「頭がいい」になりますが、そんな説明をしても、子どもにはピンとこないものです。

そこで、まず**「テストの成績がいい＝頭がいい」という誤った固定観念を壊す**ことから始めます。

たとえば、こんな問いかけです。

「短距離ランナーとマラソン選手とでは、どっちが足が速い？」

子どもは返答に詰まります。百メートルであれば短距離ランナーの足が速い。しかし四十二・一九五キロとなればマラソン選手が速い。〝土俵〟が違えば比較はできないという、わかりやすい例を投げかけておいて、

「宇宙飛行士と、総理大臣と、会社の社長と、学校の先生と、塾の先生と、お医者さんと、頭のいい順序に並べてみて」

子どもの頭は混乱します。「テストの成績がいい＝頭がいい」が彼らの尺度だから当然でしょう。固定観念にヒビを入れておいて、

「頭がいいというのは、テストの成績がいい人のことじゃないんだよ。頭がいい人というのは、**〝何をどうすれば、どうなる〟という解決の道筋が立てられる人**のことだよ」

と、回答を告げます。

もちろん、これだけでは理解できないでしょうから、具体例として、

「たとえばテストの点数を上げたいと思えば、**頭のいい人は何をどうすればいいかを考える**。キミならどうする？」

「勉強する」

「そうだ。じゃ、走るのが速くなりたければ、頭のいい人は何をどうすればいいかを考える。キミならどうする？」

「毎日、頑張って練習する」

「じゃ、反対に頭が悪い人は？」

「どうやればいいか、考えない人！」

「キミはどっちだ？」

エッヘッヘと、その男の子は笑いました。「頭がいい」という意味が子どもなりに納得できたのでしょう。

「僕、バカだから」

という言葉は彼の口から出なくなったのです。

? 05

勇気って何？

子どもたちの多くは、組手《くみて》を嫌がります。

組手というのは空手の練習の一つで、双方が対峙して、突いたり蹴ったりする攻防のことです。

安全には十分配慮していて、顔と胴には安全具を着けますし、手には「拳《こぶし》サポーター」という小さなグローブを嵌《は》めます。さらに子どもの場合、相手に当てると反則になりますからケガをすることはまずないのですが、一所懸命に戦っていると、強く当たったりすることがあります。

だから、嫌がるのです。

嫌になれば当然、

「私、試合に出たくない」

「僕、型の試合だけにして組手は出ない」

ということになります。

野球やサッカーならレギュラーになって試合に出たがるのに、空手の場合は試合に尻ごみする。これはひとえに「痛い」という本能的な恐怖があるからでしょう。

「ここを乗り越えなきゃだめだ！」

私が声を張り上げても、

「だって、痛いもん」

と耳を貸さない子も少なくないのです。

そこで、こう言ってみました。

「キミたちには勇気がないのか？」

「ある！」

という〝反発の返答〟を期待していたところが、

「勇気って、バトルのこと？」

高学年の男子に問い返されて、面食らったことがあります。

ゲームの影響もあるのでしょうが、昔ほどに「勇気」ということを子どもには教えないようです。私たち昭和世代は「義を見てせざるは勇なきなり」と教えられて育ちましたが、現代社会は「余計なことに首を突っ込まない」という風潮からでしょうか、「勇気」という言葉は口にしても、その意味までは子どもにしっかりと教えないようです。

しかし、人生において、勇気はとても大切なものです。いい機会なので、「勇気とは何か」ということについて、子どもたちとこんなやりとりをしました。

「注射が嫌いな人？」

そう質問すると、「大嫌い！」と口をそろえます。

「みんなの前で話をするのが嫌いな人？」

これも「大嫌い！」です。

「宿題が嫌いな人？」

「大嫌い！」

「では、質問。大嫌いだからといって、注射しなくていいのかな？　みんなの前で話さなくてよくなるのかな？　宿題しなくていいのかな？」

子どもたちは一瞬、黙ってから、

「しなくちゃいけない」

と答えます。

「そうだね。**勇気とは、逃げようと思っても逃げられないことに対しては、逃げないで立ち向かっていくこと**なんだ」

私は、そう説明したのです。

相手が中学生以上ともなれば、たとえば友人の窮地を救うため、わが身を捨てて敢然と立ち向かっていくことも勇気の一つとして話をしますが、私は小学生にはそこまで言いません。背伸びをした説明は、子どもたちが咀嚼できないと思うからです。

まず自分に向き合うこと――。

勇気は、ここから話して聞かせるのがいいと、これは私の体験的実感なのです。

? 06 人は何のために生きるの？

正面きって、こんな質問をする小学生は、まずいないと思います。

しかし、質問をしないからといって、疑問を持っていないわけではありません。

「人は何のために生きるのか」

と、悩める青年のような言葉を口にしなくても、毎日を生きていくことに漠然と懐疑している子は少なくないようです。不景気だ、ローンだ、リストラだ……と親の溜め息を耳にすれば、

（どうしてそうまで生きていかなくちゃならないんだろう）

という思いをいだくのは、ごく自然のことでしょう。

そこでもし、「人は何のために生きるのか？」と子どもに問われたときに、親としてどう答えたらいいのでしょうか？

私は浄土真宗本願寺派の僧籍にあるので、「何のために生きるのか」といったテーマで、大人相手にお話しさせていただくことがありますが、これが実に難解です。

わかるようで、よくわからない。

たとえば、お釈迦さんに言わせれば、こうなります。

「目の不自由な亀が大海を泳いでいて、百年に一度だけ海面に顔を出す。一方、大海に一本の丸太が漂っていて、丸太の真ん中に亀の首が入るだけの穴が空いている。百年に一度、亀が浮かび上がった瞬間に、丸太の穴に頭が入ることがあるだろうか？　私たちが人間に生まれることは、この亀が丸太の穴に首を入れることよりも、もっと難しいことなのだ」

これを『盲亀浮木《もうきふぼく》の譬《たと》え』といいますが、これをそのまま話しても、腑に落ちて理解するのは難しいでしょう。まして子どもとなれば、亀の譬え話はわかるとしても、あとはチンプンカンプンですね。

そこで、「人は何のために生きるのか」と子どもに問われたら、私はこう答えます。

「**死にたくないから**」

実際、高学年の女の子たちと稽古の合間に雑談をしていて、そんな話になったことがあります。

私の答えが意外だったらしく、

「死にたくないから、ご飯を食べるの？」

「寝るのもそうなの？」

「そんなの、つまんない」

とツッコミを入れてきますが、その、まさに「**つまんない**」**が、子どもに説明するときのキーワード**になるのです。

「館長は、生きたいから生きているんじゃなくて、死にたくないから生きているんだけど、どうせ生きるなら、楽しく、存分に、悔いを残さないような毎日でありたいと思っているんだ」

私はあえて、「命の尊厳」といった話はしません。「何のために生きるのか」という正面きった話もしません。大人ですら理解しがたい話は、子どもにはウソっぽくて、きれい事に聞こえてしまうからです。

子どもの「なぜ」に答える基本は、

（あっ、そうか！）

という得心がなければ、決して耳を貸してはくれないのです。

「死にたくないから生きる」ということは、子どももわが身に引き寄せて理解できます。「生きる以上は楽しく、存分に、悔いを残さないような毎日」ということも納得です。

その日を頑張って精一杯に生きる、ということを肯定的に説く――。

小学生に対しては、このことを何より最優先でメッセージすべきだと思います。

? 07

試験や試合の前に緊張しない方法を教えて

試合が近づくと、子どもたちは緊張を口にします。

低学年の子は単純に緊張するだけですが、高学年になると「緊張＝心の弱さ」という認識がありますから、それに抗《あらが》おうとします。自分を叱咤して緊張をねじ伏せようとしたり、奮い立たせようとします。

でも、これがなかなかうまくいきません。抗えば抗うほど、不安はそれに比例して大きく心にのしかかってくるからです。そして、不安と緊張に苦しんだ末に行きつく先が、

「自分は心が弱い人間なんだ」

ということになります。

すなわち、**不安や緊張は、そのこと自体よりも、それを克服しようとしてできな**

いことが問題なのです。

そこで、思いあまって、

「館長、どうやったら緊張しなくなりますか?」

と訊いてくる子がいます。

試合に限らず、運動会の応援団長をしたり、学校の行事で司会をしたり、塾の大事なテストがあったりと、子どもたちも緊張する場面が多々ありますから、「緊張しない方法」「緊張を克服する方法」というのは——それを口に出して質問するかどうかは別として——誰もが潜在的に持っている欲求と言っていいでしょう。

私は質問されると、「誰もが緊張する」「なぜ、緊張するか」という根元的なことから話をします。不安や緊張は厄介で、**心から納得させない限り、おざなりの励ましでは決して解消しない**からです。

「オリンピックって、日本で一番の人が出場するんだけど、試合前は不安と緊張で足が震えるって知ってる?」

こんな話から入ります。

「ロス五輪の体操で金メダルを取った森末慎二という選手は、緊張から円形脱毛症になったんだ。金メダルをとる選手がだよ。信じられる？　大晦日にＮＨＫで『紅白歌合戦』があるだろう。自分の出番が近くなると、歌がうまくて有名な歌手でも足がガタガタ震えるんだって」

こんな例を二、三挙げて、

「だから誰だって緊張する」

「緊張するのが当たり前」

といった話にもっていきます。

そのうえで、

「じゃ、なんで緊張するんだろうね」

と問いかけ、考えさせるのです。

「負けたらどうしようと思って不安になるから」

「失敗したら恥ずかしいから」

高学年になると、漠然とではあっても〝不安の正体〟に気づいていますから、

「まさにそのとおり！」

と誉めておいて、

「負けたら、失敗したら――の〝たら〟が緊張させるんだね。だけど、負けるかどうか、失敗するかどうか、やってみなくちゃわからないじゃない。**やってみなくちゃわからないことを、やるまえから心配するのはヘン**じゃない？」

と投げかければ、これは論理的に整合性があるので、

「そりゃ、そうだけど」

と、不承不承でも認めざるを得なくなりますね。

そこで、

「緊張するのは、〝**真剣になっているという証拠**〟で、それだけで立派！」

と励ますのです。

それでも、そう簡単に緊張から逃れられないのが人間ですから、自己暗示法を教えます。

高学年であれば、〝腹式呼吸法〟。ただ、「腹式呼吸をやりなさい」と言うのではなく、

「目を閉じて、三回繰り返しなさい」

と、「三回」という言葉を挟みます。意味はないのですが、こう言われると「三

回」にきっと意味があるのだと子どもは感じてくれるのです。

低・中学年だと、

「拳《こぶし》をギュッと握り、パッと放しなさい。これを三回繰り返せば、ドキドキしなくなります」

これで、大いに効果があるはずです。

私が小学校高学年のときのことです。学芸会の本番を前に、舞台の袖で、

「ドキドキするね」

と友達に言うと、

「手のひらに、人差指で〝人〟という字を書いて、それを舐めるとアガらなくなるんだってお父さんが言ってたよ。人を呑むんだって。三回繰り返すんだよ」

友達の名前も顔も記憶にありませんが、この言葉と、あわてて〝人〟の字を書いて舐めたことは鮮明に憶えているのです。きっと、それほどに効果があったのだろうと思っています。

?

08

幸せって何？

結論から言えば、

「自分で幸せだと思うこと」

これが、「幸せとは何か」という問いに対する答えです。

周囲がうらやむような家庭でも、当人は人知れず悩みをかかえ、自分は不幸だと悲感している例は、大人ならおわかりになるでしょう。

当然、その逆もあります。幸せは一人ひとりが違い、またその人にとっても幸せの形は一つではありませんから、**幸せは「自分でそう思うこと」以外にない**のです。

でも、人生経験の乏しい子どもに、それを理解するのは無理ですね。子どもに対する説明は、具体例をもって示し、それについて考えさせ、親の意図する結論に向けて導くことが大切です。

そこで、「幸せとは何か」という質問をされたら、私は子どもたちに「ボランティア」を引き合いに出して、こんな話をします。

「震災や大災害が起こると、多くのボランティアの人たちが被災地にお手伝いに行くよね。進んで行く人はボランティア活動に幸せな気持ちを感じるだろうけど、会社に命令されて、嫌々行く人はどうだろう。幸せとは感じないだろうね。つまり、ボランティアという行為は同じであっても、幸せに感じる人と、そうでない人がいる。だから幸せは、その人の問題であって、その人が幸せに感じれば幸せ、ということ」

これで、たいてい納得してくれますが、

「だけど、お金は、誰だってもらえば幸せに思うじゃん。お金がある人は幸せなんじゃない?」

と質問を返してくる男の子がいました。

もっともな疑問です。お金は確かに大事です。幸せを論じるときに、お金の話は避けて通れません。たくさん稼ぐことは、もちろん悪いことでありませんが、**お金に振りまわされる生き方は、決して幸福にはなれない**ということを、子どもに教えておく必要があります。

これも、具体例で話します。

「お小遣いを千円もらったとします。嬉しくなるね。で、次に三千円もらったとする。もっと、嬉しくなるね。ところが、その次に千円しかくれなかったらどうだろうか？」

「ガッカリする」

「そうだね。最初は千円で喜んでいたのに、三千円をもらってしまえば、千円では嬉しくなくなる。さらに、友達が五千円もらっていたらどうだろうか？」

「うらやましい！」

「自分もお小遣いをもらっているのに、友達とくらべてガッカリだね。つまり、千円と五千円をくらべること、友達とくらべることがガッカリする原因になる。そして、五千円をもらっているお友達も、一万円をもらっている友達がいればガッカリだね。それではキリがなく、結局、ガッカリばかりすることになる。だから、金額も、友達ともくらべないで、千円をもらったことに対して、**〝ああ、嬉しいな〟と思えることが幸せなんだ**」

これでも、いまひとつ腑に落ちてこないようでしたので、もっとわかりやすく、子どもたちに稽古の話をしてみました。

「A君は初段で、B君は五級だね。どっちが空手が上手？」

「A君！」

「初段だからそうだね。じゃ、B君に訊くけど、B君は稽古がつまらないかい？」

「いや、面白いです」

「みんな、わかるかな？　B君はA君より腕前は下手だけど、それとは関係なく稽古を楽しんでいる。黒帯を目標にするのはいいことだけど、稽古そのものを楽しむということが大事なんだね。お金も同じ。多い、少ないに関係なく、お小遣いをもらったという、そのことを喜ぶような人間になる――、これが〝幸せ〟ということなんだ」

仏教では、〝苦〟の元凶の一つとして、「他人と自分をくらべること」を説きます。自分より劣っていると思う者に対しては優越感を、そしてその裏返しとして、自分より優れていると思う者に対して劣等感をいだきます。うらやみ、ねたみ、決して自分の境遇に満足することはないのです。**お金や物、地位、名誉といったものを**

もって幸せと考えるのは、結局、不満に苛《さいな》まれ、不幸になることを子どもたち伝えてあげてください。

? 09

なぜ、（稽古などを）続けるのは良いことなの？

「継続は力なり」

ということを、私はことあるごとに言います。

子どもはもちろん、親御さんにも言います。

「上達することよりも、試合に勝つことよりも、〝継続した〟という、そのこと自体が何より財産です。だから途中で挫《くじ》けないように励ましてください」

もちろん、エンドレスで続けるわけにはいきませんから、たとえば「黒帯を取るまで」といった目標を設定し、そこに到達するまで継続するということです。これによって達成感を味わい、

（自分はやり切ったんだ）

という自信になっていくのです。

大人ならわかるこの理屈も、小学校の中学年以下になると、なかなか理解できないようです。理解どころか、毎回、似たようなことを反復稽古するのですから嫌にもなるでしょう。

「どうして続けなくちゃならないの？」

という疑問はもっともなことです。これは**空手に限らず、勉強も、塾も、習字など習い事もすべて**当てはまります。

私は、こう答えます。

「お花を育てたことがある人？」

「ハーイ！」

「タネを播《ま》いたら、すぐにお花が咲きますか？」

「咲かない！」

「水をやるんだよ」

「そうだね。水をやったり、栄養分をあげたり、草を取ったりしなくちゃならないね。つまり、タネを播いてから、ずっと続けて世話をするから花が咲く。じゃ、空手はどう？　今日、稽古して、すぐに明日、上手になるかな？」

「ならない」

「勉強は？　今日、勉強して、すぐに明日、クラスで一番になれるかな？」

「なれない」

「空手も勉強も、習い事もみんなそうだよ。お花を咲かせるのと同じで、**頑張って続けるから上手になるし、成績も上がるんだ。**続けることがどれだけ大切なことか、わかるだろう？」

「ハーイ！」

　ということになる。

　これは親御さんに申し上げますが、私の経験では、子どもは何事も途中で嫌気がさしてくると、〝やめる理由〟をヒネリ出すものです。

「○○ちゃんがいじわるをする」

「館長が厳しすぎる」

「僕はサッカーのほうが好きなんだ」

　継続することに対しては、「好き」とか「楽しい」といったこと以外、理屈はありませんが、やめるときは自己正当化するため、口数が多くなるのです。私は保護司として非行少年に多く接してきましたが、彼らの特徴の一つは根気に乏しく、職を転々とするたびに、口数多く自己正当化することだと思っています。

だから、このことを理解し、子どもが初期の目標を達成するまでは、**やめる理由を鵜呑みにしてはなりません**。十分に耳を傾けたうえで、継続することの大切さを説き、

「頑張って黒帯を取ったらやめていいわよ」

とニッコリ笑顔で励ますことです。むろん「黒帯」は私の道場の場合です。それぞれ、お子さんに応じて変えればいいでしょう。

第2章

家庭の「なぜ」に答える

?

10

なぜ、ご飯を残してはいけないの？

「もういらない」

そう言ってフォークを置くと、子どもがソファにそっくり返りました。

ファミリーレストランでのことです。

「だめでしょ、残しちゃ」

若いママが叱りますが、

「だって、お腹がいっぱいだもん」

と口をとがらせています。

小学校の三、四年生くらいでしょうか。ステーキを半分ほど残したまま、ゲームを始めました。

「ほら、食べなさいよ」

「いらない」

「パパに言いつけるわよ」

「なんで！」

腹立たしそうにゲームを中断して、

「お腹がいっぱいなんだから残したっていいじゃん。どうして残しちゃいけないの？」

理屈で挑みました。

さて、若いママは何と言ったでしょうか？

「もったいないじゃないの」

そう言いました。

正解です。

ママの言うとおり、もったいないから残してはいけないのですが、でも、それで子どもは納得したでしょうか？

ノーです。その子はふくれっツラをして、再びゲームを始めたのでした。

では、なぜ「もったいない」は子どもに通じなかったのでしょうか？

理由は簡単です。「もったいない」の意味がわからないからです。「無駄にしてはいけない」といった意味であろうと子どもも推察はしていますが、「なぜ、食べ物を無駄にしてはいけないのか」という**〝本質的な意味〟がわからない**のです。

私なら、「もったいない」のかわりに、子どもにこう問いかけます。

「ステーキは何からつくる？」

「牛の肉に決まってんじゃん」

「じゃ、サラダは？」

「野菜」

「そうだね。私たちは牛や野菜の命をもらい、それを食べ物として食べることで生きている。牛や野菜が命をくれなければ、私たちは生きていけないんだ。その大切な食べ物を残すことは、牛や野菜の命を無駄にすることになってしまわないかい？牛も野菜も悲しむだろうね。だから食べ物には感謝し、きれいに食べなければならないんだ」

そして、こうつけ加えます。

「残さずにすむように、次から食べられるだけのものを注文しようよ」

これが、「なぜ、食べ物を残してはいけないのか」という子どもの疑問に対する答えです。

私たちはギブ・アンド・テイクの価値観で生きています。だから食事ひとつとっても、そこに感謝の心はなく、

「金を払うんだから、食べようと残そうと勝手だろう」

と、本気で思ってしまうのです。

だから、

「どうして、ご飯を残しちゃいけないの？」

と、わが子が口をとがらせたらチャンスです。

その理由をきちんと答え、教えることによって子どもの心は育っていくのです。

命は人間にだけあるものではありません。アフリカでハンター同士の誤射が多いため、迷彩服の色を黄緑色から紺色系に替えたら誤射を防げるようになったというニュースがありましたが、これに対して、こんなコメントがついていました。

「しかし、人間の命は助かっても、動物の命を殺すことには変わりありません」

考えさせらる言葉です。

金子みすずさんのよく知られた詩に、「大漁《たいりょう》」というのがあります。

大漁《たいりょう》

朝やけ小やけだ
大漁だ
大ばいわしの
大漁だ。

はまは祭りの
ようだけど
海のなかでは
何万の
いわしのとむらい
するだろう。

（『わたしと小鳥とすずと』金子みすず著、矢崎節夫選／ＪＵＬＡ出版局、１９８４年）

食の安全を問題にする私たちですが、それ以前に、こういう視点——すなわち、魚の視点であると同時に、他の生き物の命をいただいてしか生きていけない私たちの自覚が必要な気がするのです。

? 11 なぜ、お年寄りを大切にしなくてはいけないの？

高齢者にとって、逆風の時代です。

認知症や介護、さらに少子高齢化による年金破綻まで、メディアは連日のように老人問題を取り上げています。これらのテレビ番組や書籍を目にすると、高齢者の仲間入りを目前にした私でさえ、

「年寄りは厄介だな」

と、つくづく思います。

まして、老人問題をわが身とは考えない世代が、「日本の邪魔」「さっさと死んでしまえ」と、背筋が寒くなるような罵詈雑言《ばりぞうごん》を浴びせる気持ちは、正直いって理解できなくもありません。

子どもたちは、こうした社会風潮に大きく影響されます。しかも、現実世界で目

にするお年寄りは動作が緩慢で、スマホもいじれない。生産性のある仕事をするわけでもありません。「日本の邪魔」とまでは思わないにしても、

「お年寄りを大切にしましょう」

と学校で教わると、

「どうして？」

と違和感を持つのは当然だろうと思います。

かつて私が若かったころがそうですが、この違和感は子どもだけでなく、働き盛りの実年世代も心の奥底に漠然といだいているのではないでしょうか。介護が社会問題になって以後、「高齢者＝お荷物」という価値観が、より顕著になってきたようです。

そこで、

「なぜ、お年寄りを大切にしなければいけないの？」

という問いを子どもにされたとき、あなたなら何と答えるでしょうか？

一般的な答え方は、〝人生の先達〟という視点でしょう。

「お年寄りは、これまで一所懸命に働いて社会に貢献してきた人たちなのよ。だか

ら大切にしなくちゃいけないの」

といったものですね。

答え方はどうあれ、私は〝大切にする〟という視点に問題があると思っています。この視点でお年寄りを見ている限り、心のやさしい子には育ちません。なぜなら、大切にするというのは、たとえば「オモチャを大切にする」といったように、主体が「自分」にあり、〝上から目線〟になっているからです。

私は子どもたちの問いに、こう答えます。

「**お年寄りは大切にするんじゃなくて、感謝するんだ**」

するとたいていキョトンとします。

「何に感謝するの？」

というわけですね。

感謝すべき実体が見えないのです。

そこで、「**自分がこの世に存在することへの感謝だよ**」と説明を続けます。

「お父さんとお母さんがいて、キミたちが生まれた。お父さんも、お母さんも、それぞれお父さんとお母さんがいて、この世に生まれた。つまり、お爺ちゃんとお婆ちゃんがいなければ、お父さんもお母さんも、そしてキミらも生まれていないんだ」

そんな話をして、高学年であれば、詩人で書家の相田みつを氏の次の詩を読んで聞かせます。

自分の番　いのちのバトン

父と母で二人
父と母の両親で四人
そのまた両親で八人
こうしてかぞえてゆくと
十代前で千二十四人
二十代前では――？
なんと百万人を越すんです
過去無量の

いのちのバトンを受けついで
いまここに
自分の番を生きている
それが
あなたのいのちです
それがわたしの
いのちです

(『いのちのバトン　初めて出会う相田みつをのことば』相田みつを著、立原えりか解説／角川文庫、2005年)

私は法話などで、この詩をよく引用します。人間として生まれてくることの不思議さ、命の尊さ、そして何より、生きることに目を見開かれていくはずです。

低学年であれば、図に書いて、この話を説明してあげるといいでしょう。そのうえで、こんな話をします。

「お父さんも、お母さんも、お兄ちゃんも、お姉ちゃんも、学校の先生も、みんなお爺ちゃん、お婆ちゃんになるんだよ。キミも大きくなって、仕事をして活躍したら、やがてお爺ちゃん、お婆ちゃんになっていくんだ」

そして、祖父母の若いときの写真があれば、見せてあげると、理解はより具体的になります。祖父母の子ども時代の写真から、青年時代、実年時代と順を追って見せていけば、心に響くものが必ずあります。少なくとも、「高齢者＝お荷物」という発想は絶対に出てこないでしょう。

? 12 なぜ、席を譲らなくてはいけないの？

帰宅する電車内のことです。

千葉県の西船橋駅で、幼稚園の年長さんか小学校一年生くらいでしょうか、男の子を連れた若い三人家族が乗ってきました。夕刻のラッシュ時間前だったので電車は空《す》いていましたが、あいにく席は空いていませんでした。

「あっ、あそこなら三人で座れるよ！」

と、子どもが指さしたのはシルバーシートです。

「あそこはだめだよ」

若い父親が、走り出そうとする子どもの手を引いて止めました。

「どうして？」

「ほら、シートの色が違うだろう。あそこはシルバーシートといって、お年寄りや身体の不自由な人、これから赤ちゃんを産む女の人が座る席なんだよ」

と、やさしく言って聞かせてから、

「つまり、強い人が弱い人をいたわるんだ。いたわるっていうのは……そうだな、助けてあげるってこと」

それでも子どもは不承不承で、

「僕、足が疲れているもん」

と座りたがります。

さて、この若い父親が何と返答するか。

私は吊革につかまりながら、耳をそば立てていました。

父親は、こう言いました。

「**強い人というのはね、我慢がいっぱいできる人のこと**なんだ。お婆さんだと、すぐ疲れてきて、立っているのが我慢できなくなるから弱い人。だけど○○君は、きっとお婆さんより長く我慢できるはずだから、強い人。違うかい？　○○君は強い子だろう？」

「うん」

と返事してから、

「でも、空いているんだけど」

とりあえず座っていて、お婆さんが来たら立てばいいのではないか――ということを言ったのです。

もちろん、この主張はもっともですし、それでいいのですが、「空いていたら座る」という考えは、

（空いていたらいいな）

という期待感を生みます。

これがよくない。

座っていて、席を譲らなければならない〝弱者〟が乗ってくれれば、あまり嬉しくはないものです。「仕方なく譲る」ということでは、ハンデのある人たちをいたわるという〝やさしい心〟を育《はぐく》むことにはなりません。「席を譲る」というのは、仕方なくではなく、立っていられる自分に感謝し、**そうはできない人、そうしていることがつらい人を思いやってこそ、「譲る」の精神が生きてくる。**

若い父親は言いました。

「強い子は我慢の練習をするんだ。何を我慢するかというと、〝座りたい〟という気持ちを我慢する。よし、どの駅まで我慢できるか、パパと競争しよう」

それから二十五分、子どもはパパに手をつながれて終点まで座らないで頑張ったのでした。

「偉いぞ、○○君は強いね」

パパだけでなく、ママも一緒に誉めていました。嬉しそうな、誇らしそうな笑顔を見ていると、きっと心やさしくて毅然とした子に育つだろうと思ったことです。

「席を譲る」というのは、大きく二つの意味があります。

一つは「やさしさ」です。人を思いやる心はとても大事で、育んでいかなければならないことは言うまでもありませんが、注意が必要です。それは優越感です。「席を譲ってやる」という〝上から目線〟になっていることです。これは無意識であり、同時に「自分はいいことをしている」という思いがあるだけに厄介です。大人であれば、そんなわが身を振り返ることもできますが、子どもは無理ですね。

そこで、**もう一つは「我慢」です**。先の若い父親が諭したように、座りたいという気持ちの我慢です。つまり、「席を譲る」を自分の問題として考えさせることで優越感を削ぎ落とし、我慢することを通じて心の強い子に育てるのです。

私の道場では、幼児・一年生のクラスは「しつけ教室」として空手を指導しています。空手だけでなく、自主性を持った芯の強い子に育ってくれるよう、折りに触れて話をしたりしますが、我慢ということを強調します。

「疲れた、という気持ちを我慢する」

「稽古したくないな、という気持ちを我慢する」

「おしゃべりしたいな、という気持ちを我慢する」

これは私の信念ですが、**我慢という克己心の上に、優越感でなく、本当の意味でやさしさが育まれる**ものと私は考えるのです。

?
13
なぜ、勉強しなければいけないの?

「なぜ、勉強させなければならないのか？」

と親御さんに問われたら、

「非行に走らせないため」

と、私は答えます。

これは保護司としての実感です。保護司というのは少年から大人まで、非行や犯罪を犯した者が更生するための手助けを役目としていますが、少年の場合、勉学の落ちこぼれは非行に密接に関係していると私は思っています。家庭環境など、非行の要因は複雑に絡まり合ってはいるものの、**勉強を頑張っている子に不良は少ない**ものです。

もちろん、この答えは、勉強することの本質とは違います。しかし、「なぜ、勉強しなければならないのか」という問いには、実は「答え」がないのです。

たとえば、

「いい学校に進学して、いい会社に就職する」

というのは、勉強は手段であって、「なぜ、勉強するのか」という問いに対する本質の答えにはなっていません。

「いい学校へ行かなくていいもん」

と言われれば、困ってしまいますね。

「子どもの仕事は勉強！」

頭ごなしに叱れば反発するだけで、ちっとも勉強に身が入りません。

「大人になって困るわよ」

と言って素直に聞く子はいないでしょう。

しかし、見落としてはならないのは、子ども自身は「勉強しなければいけない」ということはわかっているのです。おバカさんでいいとは思っていないのです。したがって「なぜ、勉強しなければいけないの？」という問いは、答えを求めているのではなく、**勉強ができないことへの葛藤と、親の叱責に対する反発**だと思ってください。

となれば、子どもの問いに対してまともに答えようとするのは、的ハズレということになります。

私なら、子どもの尻を叩くことはせず、

「勉強、つまんないよな。勉強だけが人生じゃない。宿題だけにしといたら」

と言います。

「勉強しろ」――と言われると思っていた子どもは拍子抜けします。**この拍子抜けが親に対する反発を消して**しまいます。そして「勉強はつまらない」「勉強だけが人生じゃない」といった言葉で、勉強ができない子どもは葛藤から開放されます。少なくとも、気持ちは楽になります。「なぜ、勉強しなければならないの？」という問いは、出てきようがないのです。

一方で、「勉強はしなければならない」「するものだ」ということは子どもたちはわかっています。反発と葛藤が軽減していくのを注意深く見守りながら、机に向かって勉強しているとき、あるいはテストの点がこれまでより上がっているときなどに、

「たいしたもんだね」

と**誉めてやれば、必ず勉強に対するモチベーションは上がっていく**のです。

私はこのことを、道場の子どもたちから学びました。誰もが一所懸命に稽古するわけではありません。落ちこぼれは何人もいます。

「もっとしっかり稽古しろ！」

と叱っても効果はありません。いえ、「しっかり稽古しろ」と言って稽古してくれれば、こんな楽なことはありません。「勉強しろ」と叱って勉強するようになれば、親も先生も楽なものです。

しかし、子どもたちは、頑張って稽古をしなくてはならないことはわかっています。自分の下手さ加減に葛藤もありますし、「稽古しろ！」と怒られることに対して反発心もあるでしょう。

だから、私は頭ごなしに叱責はしません。反発と葛藤が軽減されていくのをじっと観察していて、**これまでと違った頑張りをひょいと見せたときに、**

「どうしたんだ、今日は」

と誉めるのです。

このとき、子どもが見せるハニカミと笑顔が、私は好きです。もちろん、すぐに頑張って稽古を継続するわけではありませんが、こうした積み重ねを繰り返すことで、少しずつ上達していきます。勉強も、それと同じなのです。

？14 なぜ、ゲームばかりしていてはいけないの？

どこへ行っても、子どもはゲーム機を離しません。

家族とファミレスにいても、食事を注文するとすぐゲーム機を両手で持って画面と睨《にら》めっこしていますし、家族旅行の列車の中でも同じような光景を目にします。

それどころか、空手の試合会場にも持参して、敗退すると仲間の応援そっちのけでゲームをやっている子もいたりします。親御さんにしてみれば、ゲームに夢中になるわが子は頭の痛い問題でしょう。

道場の子どもたちに、

「ゲームのことで、お父さん、お母さんに怒られている人？」

と問うてみると、あちこちで手が挙がります。

そこで、「どうしてゲームばかりやっていてはいけないのか」とさらに問うと、

小学校の低学年だと「目が悪くなるから」という理由も少なくありませんが、中学年以上は、

「勉強しないから」

という声が圧倒的です。

だから親御さんによっては、ゲームは「一日一時間」といったように時間を区切っている人も多いようですが、親が叱るため、子どもは「ゲーム＝悪い」と思っているようです。しかし、〝ポケモンGO〟を引き合いに出すまでもなく、ネット社会においてバーチャルリアリティーが日常となったいま、子どもたちはそれと無縁ではいられないだけでなく、ネットという広い意味でのスキルとして、ゲームに親しむのは結構なことだと思います。

すなわち、「ゲームをやってはいけない」というのではなく、「ゲームばかりやってはいけない」という両者の区別をハッキリさせてから、「どうしてゲームばかりやってはいけないのか」という問いに答えるべきだと思います。

私の答えは簡単明瞭です。

「バカになるから」

この一語です。

低学年だと「どうして？」と訊いてくるでしょうし、高学年になれば、

「ゲームは頭を使うんだよ」

と反論したりすることでしょう。

そこで、こう問いかけてください。

「じゃ、ゲームを頑張ったら算数ができるようになるってこと？　国語ができるようになるってこと？」

「いや……」

と返事に詰まれば、

「一日は二十四時間。学校に八時間、睡眠に八時間、それに食事、風呂、習い事、塾、宿題、テレビを観る時間を引いたら、残りは何時間？」

一緒になって計算すれば、せいぜい二時間です。

「その二時間全部をゲームに使って、勉強もしない、本も読まないとなれば、バカになるんじゃない？」

子どもでもわかる理屈を話してから、

「ゲームをやるのが悪いんじゃなくて、ゲームばっかりやるのが悪いということ。だから日曜日だけとか、週に一回一時間とかにしたらどう？　それならいいわよ」

と代替案を示します。

「週一回じゃ少ないよ。三回」

「多いわね。じゃ、中をとって二回」

「わかった。そのかわり三時間」

「だめだめ、多すぎる」

「じゃ、二時間」

一方的に禁止したり時間を決めるのではなく、**話し合い、子どもを納得させることがポイント**です。

私の道場だけでなく、中学校の剣道場をお借りして稽古していますが、冬場、「剣道場は広いので走らせてくれ」と子どもたちが言ってきます。そのとき私は、交換条件を持ち出します。

「わかった。キミらに二十分あげるから走っていい。そのかわり、二十分経ったら、ちゃんと稽古する。約束できるかい？」

「ハーイ！」

と元気のいい返事。

約束を守らなければ、次から走らせなければいいと思っていたところが、きっかり二十分経ったら、

「時間だよ！」

最上級生である六年生たちが下級生を集合させ、いつにも増して、きちんと稽古を始めたのでした。「約束」は信頼の上に成り立ちます。

「ゲームばっかりしちゃだめ」

と叱るのではなく、**これを一つのキッカケとして、親子のより強い絆をつくっていく**といいでしょう。

? 15

人は死んだらどうなるの？

大人でも、答えを知りたい質問ですね。

広義の意味を含めて、宗教のない国と地域は、この地球上にはありませんが、宗教とは「死んだらどうなるのか」という問いから発し、

「死んだらこうなる」

という答えを出したもので、宗教によって答えはさまざまです。死んだら土に還るとする考えや、一度は死んでも〝最後の審判の日〟に復活するという考え方、さらに、遺体はゴミであるという即物的な考え方もあります。

でも、**子どもたちの問いの背景にあるのは、漠然とした「死に対する恐怖」**です。自分の死であり、親を失うことへの恐れです。もちろんこれは、生きとし生けるもののすべてがいだく恐れですが、子どもの場合は知識も経験も乏しいため、**恐怖を取**

り除き、前途に希望を持って、生き生きと暮らせるように仕向けることを主眼に答えるべきでしょう。

私が浄土真宗本願寺派の僧籍にあることはすでにお話ししましたが、宗祖親鸞《しんらん》は難行苦行といった「行《ぎょう》」による浄土往生を否定しますので、「死んだらどうなる」ということを説明する場合、子どももすんなり入っていけるようです。

小学生の場合は、

「お爺ちゃんも、お婆ちゃんも、お父さんも、お母さんも、死んだらみんな〝お浄土〟というところへ行くのよ。ここはとても素晴らしいところでね、みんなが仲良く一緒に暮らしているの。だから死ぬのは、ちっとも怖くないし、さみしくないのよ」

といった説明で十分でしょう。

「どこにお浄土があるの?」

と問われれば、

「西の向こうの、うんと遠いところ」

と答えてください。

「お墓の中じゃないの？」

と、さらに問うてきたら、

「お墓はね、遠い国のお浄土と連絡をとる場所なんだよ。だから、手を合わせて拝むのよ」

と答えればいいでしょう。もちろん宗派によって教義は異なりますが、小学生にはそんな説明がいいと思います。

また高学年であれば、

「死ぬと考えるのではなく、お浄土――つまり、新しい世界に生まれると考えるんだ。だから、ちっとも悲しいことじゃないんだよ」

という言い方をしてもいいでしょう。

もちろん、この説明に対して、

「わかった！」

ということにはなりません。

ディズニーランドやユニバーサルスタジオのように、実体があれば別ですが、観念の世界ですから、「本当かな」という懐疑は当然です。大人でも、いえ僧籍にある私でさえも、疑いながら、少しずつ理解を深めていくものです。でも、漠然とではあっても、死後の世界があるらしく、そこは素晴らしい世界のようだということに目が見開かれます。

それでいいのです。

「死んだらゴミになる」

と言われたのでは、祖父母や親戚の葬儀に参列して、子どもはどんな思いで手を合わせるでしょうか。

ただし、死に対して恐怖心をいだかせないようにし、**今日を精一杯に生きることを目的として話をする**のですから、美化しすぎて、死を憧憬させることのないよう気配りが必要なことは言うまでもありません。

「死んだらどうなるの？」

と質問されたら、

「そんなことわかるわけないでしょ」

と〝門前払い〟にするのではなく、難解な質問であればあるほど、シンプルに答えることを心がけてください。

? 16

なぜ、弟や妹(年下の子)を思いやらなくてはいけないの?

兄弟で空手を習いにくる子を見ていると、上の子が下の子を誉めることは、まずありません。むしろ、遠回しに悪口を言ったりします。これは、お兄ちゃんと、お姉ちゃんとを問いません。

たとえば、

「キミの弟、張り切って稽古しているね」

と、お姉ちゃんに弟のことを誉めると、

「でも、家ではすぐ泣くのよ」

と、足を引っ張るようなことを言います。

乱暴なお兄ちゃんになると、

「早く並べよ」

ポカリと、弟に手を出したりします。

「こらッ、何やってる！」

私が注意すると、

「だって、こいつが並ばないんだもの」

と、お兄ちゃんは口をとがらせます。

自分は悪いと思っていないのですから、「どうして俺が怒られなければならないのか」と不満をいだく。弟はいつも大目に見られ、自分ばかりしわ寄せがくるというわけですね。これも男女を問いません。

で、ある日のことです。小学校五年生のお姉ちゃんが、弟のことで私に疑問をぶつけてきました。

「弟はいたずらばかりしているので、私が怒ると、今度は私がお母さんに怒られるんだけど、どうして？　〝あなたはお姉ちゃんだから我慢しなさい〟って言われるけど、悪いのは弟なんだよ。それってヘンじゃない？」

もっともな疑問です。

親にしてみれば、「下の子を思いやってほしい」という願いはもちろんあるでしょうが、「下の子を叱るより、上の子に我慢を強いるほうが楽だ」という気持ちがあるのは否定できないのではないでしょうか。

五年生のお姉ちゃんに質問された私は、こう言いました。

「キミの言うとおりだ。キミが正しい。そこで、だ。どうすれば弟がいたずらしなくなるか、キミにも考えてほしいんだ」

そして、このことを母親にも告げました。「お姉ちゃんだから」という叱責は逆効果で、**「ともにタッグを組む」という意識が大切である**というわけです。そして——ここが何より大切なことですが——タッグを組むということが、姉としての自覚をより強固なものにし、自主性を高めるのです。

なぜそうなるのかについて、少し理屈っぽくなりますが、順序立ててご説明しましょう。

まず、上の子の立ち位置を「10」、下の子を「5」と仮定します。「お姉ちゃんだから」「お兄ちゃんだから」ということで我慢を強いるのは、「10」という立ち位置は変わりません。

ところが、「どうしたらいい?」と、親とタッグを組むことは、上の子の立ち位置を必然的に上げることになり、「12」「15」の意識が求められます。否応なく、**本当の意味で、精神的に年上にならなくてはならない**。これが、お兄ちゃん、お姉ちゃんを成長させるのです。

私は、たとえば道場の稽古で段級が上の子どもを集め、

「白帯がちゃんと稽古しないんだけど、どうしたらいいだろう」

と相談を持ちかけます。

すると、普段は自分たちもサボっている彼らが、白帯を一所懸命に稽古させることに真剣に取り組み、同時に自分たちのプライドも満たされて自主性が身についていくのです。

「おまえたちがちゃんとやらないから、白帯がふざけるんだ」

と言って叱責したのでは、

「なんで自分たちが言われなくてはならないの？」

と不満が生じるのです。

人間は、**期待されればそれに応えようとします**。これは大人も子どもも同じです。

親が、お兄ちゃん、お姉ちゃんとタッグを組むということで、「あなたなら、何か

いい考えがあるのではないか」と期待してみせることによって、彼らを〝つま先立ち〟させることなのです。つま先立ちすれば、ヨロヨロしますが、それに馴れてくれば自信がつき、精神的にもしっかりしてくるものです。

？17 ストレスって何？

「ストレス」という言葉は、子どもたちにとっても日常語になっています。

高学年になれば、正確な意味は知らずとも、嫌なことやプレッシャーを感じるときにストレスという言葉を口にします。健康サプリのＣＭや健康番組など、テレビの影響でしょう。

しかし、

「ストレスって何のこと？」

と、正面きって問う子は少ないようです。きっと、感覚としてあまりいい意味で用いられていないことがわかっているからでしょう。でも、本当の意味がわかっていないのですから、疑問を持っていることは確か。何かの拍子に、ひょいと問われることはあります。

私は、こう答えました。

「風に吹かれる木の小枝」

「……？」

混乱して、ポカンとしています。ケース・バイ・ケースですが、ストレスといった医学的で難しい問いに対しては、そのまま回答を口にしたのでは理解が及ばず、耳を通り抜けていくため、疑問は解消されません。だから、**「エッ？」と思わせるような〝言葉の引き〟と、イメージしやすい譬えが大事**になってくるのです。

「風が吹くと小枝が揺れるよね。小枝がキミの心――つまり、気持ちなんだ。たとえば、お母さんに〝いつまでテレビを観ているの！〟って叱られると嫌な気持ちになるだろう？　お母さんが叱ったことが風で、キミの気持ちが小枝。風に揺れて〝嫌だな〟となるわけ。

あるいは、試合に出るとき、ドキドキするね。〝試合に出る〟というのが風で、この風に吹かれて、気持ちがドキドキする。このドキドキをストレスというんだ」

「フーン」

と、なんとなく概要が伝わったと判断すれば、ここからがポイント。**ストレスは**

決してネガティブなものではなく、神経質にならなくてもいい――ということを教えておく必要があります。大人ならともかく、子どもは気分転換が早いので、ストレスという言葉に引っ張られないようにしておくことが大事になってきます。

「ストレスは、ドキドキしたりとか、嫌なことばかりじゃないんだ。明日、遠足に行くとなると嬉しいだろう？　これはドキドキじゃなくてワクワクだね。つまり、〝遠足に行く〟という風が、キミの小枝――つまり、気持ちをワクワクと揺らしているというわけ。揺れるということにおいて、これもストレスなんだ」

そして、

「つまり、ストレスというのは〝心の刺激〟のことで、生きている限り、人間はストレスとは二人三脚ということ。気にする必要はないんだ」

子どもには、こんな答え方で十分でしょう。

ついでながら、親御さんのためにストレスを簡潔に説明しておくと、ストレスはもともと物理学の分野で使われていた言葉です。外側からかけられた圧力で歪みが生じた状態のことで、風船がよく譬えに用いられます。風船を指で押すとへこみますね。押さえる力を「ストレッサー」といい、これに反発し、適応しようとしてへこんだ状態（歪み）を「ストレス反応」といいます。

もうおわかりですね。**心身に加わる諸々の刺激（ストレッサー）に対して、適応しようとする〝さまざまな反応〟がストレス**というわけです。ワクワクならいいのですが、ドキドキが長く、そして何度も襲ってきて適応できなくなると、心の病にかかったりします。つまり、風船が裂けた状態ということです。

子どものストレスはたいてい放っておけば解消されますが、気になるようでしたら気分転換をさせるといいでしょう。

親子で軽い運動をして汗を流すのが手っ取り早く、また親子の絆を深めることにもつながっていきます。

?

18

親の言うことは聞かないといけないの？

人間は平等です。

年齢、性別、人種、学歴、職業を問わず、等しく尊重されなければなりません。

しかし、誤解を承知で言えば、私は私と子どもたちとの関係において、あえて〝差別〟を実践しています。

たとえば、冬場の稽古。

私は足袋を履きます。腰痛が出ることがあり、足腰を冷やすなと医者に言われているからですが、子どもたちのなかには私の足袋を見て、

「館長だけどうして履いているの？」

と、批難する子がいます。

「私たちだって足が冷たいのに、館長だけ暖かくしていてズルい」

というわけです。

もっともなことですね。

そこで、なぜ足袋を履いてるか説明してもいいのですが、私はそうは言いません。

「館長とキミたちとは違う」

ピシャリと言います。

「どうして！」

「不公平だ！」

素直に聞く子はいなくて、たいてい批難の嵐ですが、私はこう反論します。

「館長は教える立場、キミたちは教わる立場。まるっきり違うじゃないか」

立場の違いを持ち出して突っぱねれば、これを論破する子どもはまずいないものです。「人間は立場を超えて平等であるべき」というツッコミは、基本的人権を学んでのち、中学、高校生以降のことです。

「道場では館長の言うこと、学校では先生の言うこと、家ではお父さん、お母さんの言うことを聞きなさい」

と〝上から目線〟で告げればたいてい一件落着しますが、それは私のような習い事の指導者や、学校の先生のように、立場の上下が歴然としている関係の場合であって、相手が親となると、いささか事情が違うようです。

「なぜ、親の言うことを聞かなければならないの？」

そんな疑問をいだく子がいます。親の言うことは聞かなければならないということはなんとなくわかってはいても、「なぜなのか」ということが、いまひとつ理解できていないようです。

生活をともにしていますから、子どもは親の欠点が目につきます。「あれをしちゃだめ、これをしちゃだめ」と言われ、これを理不尽と感じます。そうした腹立たしさや不満、鬱憤が、

「どうして親の言うことを聞かなくちゃならないの？」

という疑問の形になって口をついて出てくるのです。

私は小学生の孫が三人いますが、四年生の女児にそんな質問をされ、こう答えました。

「子どもはバスに乗った客で、親は運転手。バスの行き先は〝大人〟という乗り換えの停留所」

「何それ？」

「**お父さん、お母さんが、キミが一人前の大人になるまで、ちゃんと運転して停留所まで運んでくれているんだ。**ご飯を食べさせてくれて、学校に行かせてくれて、お洋服を買ってくれて、お小遣いをくれて……。バスに乗った客が、運転手の言うことを聞かないで、あっちへ行ってくれ、こっちへ行ってくれって勝手なことを言ったらどうなる？　困っちゃうよね。だから乗り換えの停留所まで、運転手に任せておかなくちゃならないわけ」

これが高学年の男の子であれば、

「親は親。子どもの友達ではない！」

ピシャリと言います。

「**親に文句を言えるのは、自分で生活できるようになってからだ乱暴でいい。理不尽でいいのです。**子どもを育てるということに対して親が真に責任を持つ覚悟があれば、「親と子は友達」なんてノンキなことは言っていられないはずです。

どんなスポーツであれ、選手を本気で育てようとする指導者は選手に嫌われます。

人間は大人も子どもも、つらいことや嫌なこと、意に染まないことから逃げようとします。これは悪いことではなく、人間はそうしたものということです。

だから指導者は選手の尻を叩きます。「こうしろ」「ああしろ」と命令をします。信頼関係が根底にはあっても、日々の練習で嫌われるのは当然で、「コーチのお陰です」と感涙するのは、試合に勝った後のことなのです。

親は指導者です。子どもとのコミュニケーションはもちろん、信頼関係を根底にしながら、それがよかれと思えば、子どもがいくら理不尽に思おうと、

「親は親。子どもの友達ではない！」

と、**叱り、突き放す、その姿勢と覚悟が大事**だと思うのです。

? 19 神さま仏さまって本当にいるの？

私が僧侶ということもあるのでしょうが、

「仏さまって、本当にいるの？」

という質問は、道場で子どもたちによくされます。

「いる」

と答えれば、

「どこに？」

と追い打ちをかけてきますので、最近はかの〝ポケモンGO〟を引き合いに出して、こう言います。

「神さまも、仏さまも、ポケモンもいる！」

「エエーッ！」

と驚きの声があがり、すぐに反論がきます。

「ポケモンはスマホに登場するだけで、実際はいないんだよ」

子どもたちが得意になって言えば、

「だから、スマホの中にはポケモンがいるってことだろう？」

と切り返します。

「そりゃ、そうだけど」

「ポケモンは実際にはいなくても、スマホの中にいるということは、〝いる〟ということにならないかい？」

「……？」

「神さまも仏さまもそうだ。姿形が見えないということでは、そこにいないかもしれないけど、人間の心の中にはちゃんといる」

「……？」

頭を混乱させておいて、

「お正月に、神社やお寺にお参りして、お願い事をしたことがある人？」

「ハーイ」

と、ほとんどの子どもたちが手を挙げます。

「何をお願いするの?」

「自転車!」

「試合に勝つこと!」

「私立に受かること!」

お願い事をそれぞれ口にしたところで、

「で、誰にお願い事をしているの?」

「神さま!」

「仏さま!」

「そうだよね。じゃ、神さまも仏さまもいるってことになるんじゃない?」

「……」

「姿形は見えなくても、こうしたい、ああしたい、こうであったらいいなという心の願いの中に神さまも仏さまもいるってこと。お父さんやお母さんが病気になって手術するとき、〝どうか無事にいきますように〟と、神さまや仏さまにお願いするのもそうだね。助けてあげたいという心が、心の中の神さまや仏さまに手を合わせるんだ」

これは方便でも、ごまかしでもありません。仏教には「心外無仏《しんげむぶつ》」――心の外に仏さまはいない、と言います。教義はさておき、私の言葉で言えば、

「神仏の存在を問うな。おのれの心に神仏の棲まざるを問え」

ということになるでしょうか。

そして、ここからが大事なところで、

「神さまや仏さまにお願いをして叶うなら、誰も努力なんかしない。夢や願い事が叶う人というのは、〝お願いします〟とは言わないで、**〝頑張りますから、どうぞ見守ってください〟**と手を合わせるんだ。やってみればわかる。もりもりと自信が湧いてくるぞ」

神仏はオカルト的なとらえ方でなく、わが子の成長にとって血肉になるように話して聞かせたいものです。

？20 運命って本当にあるの？

子どもの問いに答える前に、まず親自身が「運命」ということについて、しっかりとした考えを持っていなくてはなりません。

運命があるかないかは、宗教や人生観によっても違ってきますが、僧侶の立場から申し上げれば、これを否定します。

お釈迦さんは運命について、『華厳経《けごんきょう》』というお経でこう説いています。

「もしも、すべてが運命によって定まっているならば、この世においては、善いことをするのも、悪いことをするのもみな運命であり、幸・不幸もすべて運命となって、運命の他には何ものも存在しないことになる。したがって、人々に、これはしなければならない、これはしてはならない、という希望も努力もなくなり、世の中の進歩も改良もないことになる」

希望や努力、進歩はともかく、何もかもが運命としてあらかじめ定まっているなら、生きることにどれほどの意味があるでしょう。

仏教においては、「運命」という何かが存在するのではなく、原因が結果を生み、結果が原因となって新たな結果を生むというように、すべては〝縁〟で成り立っているとします。

すなわち、**縁で成り立つ個々の結果を「運命」と呼んでいる**――、これが、私の「運命」に対する理解です。

そこで、子どもに「運命はあるの？」と問われれば、

「ない」

と答えてから、こう補足します。

「〝イフタフ、ヤー・シムシム〟って言葉、知っている？」

「知らない」

当然の答えが返ってきます。

「アラビア語で〝開け、ゴマ！〟っていう意味」

「あっ、知ってる！『アリババと四十人の盗賊』でしょう？　この呪文を唱える

と洞窟が開くんだね。でも、運命と何の関係があるの？」

「そこなんだ。たとえば、一所懸命に稽古して試合で負けたときとか、私立の中学校へ入るために頑張って勉強して、落っこちたときなんか、どんな気持ちになる？」

「ショック」

「だよね。なんで負けたんだ、なんで落ちたんだ、と自分をいくら責めても、結果が出た以上、どうにもできない。どうにもできないけど、落ち込む。洞窟の扉が大きな岩で閉ざされて中に入れないのと同じ絶望的な気分だね。

そこで、〝頑張ったけど、これは運命だから仕方ないんだ〟と自分に言い聞かせれば、どう？　少しは気持ちが楽になるんじゃないかい？　つまり〝運命〟という言葉は、〝イフタフ、ヤー・シムシム〟の呪文と同じで、〝開け、心！〟。自分を納得させる魔法の言葉なんだ」

子どもにどこまで理解できるかはともかく、イフタフ、ヤー・シムシム――「開けゴマ＝運命」という譬えは脳裏に刻まれることでしょう。

「子どものなぜ」に対する答えは「正解」である必要はありません。**「なぜ」とい**

う疑問がその子の成長に資することをもって「親の正しい答え」だ――というのが、私の考え方です。

現実を「運命」として甘受することはもちろん大事ですが、諦観は、人生の酸いも甘いも嚙《か》み分けた先にあるもので、子どものうちから現状を運命として受け容れてほしくはないのです。

なぜ、そう思うかと言えば、最近の子どもたちを見ていると、

「うまくいけば自分の努力、失敗したら人のせい」

という生き方が目につくからです。失敗を深く反省することなく、すぐに他人や周囲のせいにしてしまいます。人のせいにできなければ、行きつく先は「運命」という便利な言葉があるのです。

でも、《塞翁《さいおう》が馬《うま》》という故事にあるように、失敗も成功も、それを原因として新たな結果を生み出していきます。それは寄せては返す波のように止まることを知りません。**一つの、たまたまの結果を「運命」としてとらえるのは、だから間違っている**と私は考えます。

「運命って、本当にあるの?」

と問われたら、

「ない。〝イフタフ、ヤー・シムシム〟である」

「ハッ？」

これでいいのです。

? 21

なぜ、自殺してはいけないの？

自殺（自死）は、なぜ、いけないのでしょうか？

実は、「いけない」という決まりはないのです。宗教——たとえば、キリスト教では自殺は罪悪であるとか、お釈迦さんは黙認したとか言われていますが、それは自殺をめぐる教義的な問題であって、

「なぜ、自殺してはいけないの？」

という信者以外の素朴な疑問に対しては、答えになっていないのです。自殺はいけないという決まりがない以上、子どもに問われてどう答えればいいか、頭を悩ませるところですね。

命をめぐっては、「大切にしなさい」という一語に尽きるのですが、標語のようなことを言っても子どもは納得しないでしょう。ずいぶん昔——私の長女が小学校

高学年だったと記憶しますが、「なぜ、自殺をしてはいけないの？」と問われたことがあります。

「つらいことがあり、死んで楽になるのであれば、自殺してもいいんじゃない？どうせ人間は死ぬんだから」

と、そんな質問でした。

なぜ、そんな話になったのかは忘れましたが、この問いだけはいまもよく憶えています。きっと、親としてドキリとしたのでしょう。

私は娘と立場を置き換えて、こう言いました。

「もし、お母さんが自殺したいと言ったらどうする？」

「だめよ、そんな」

「なんで？　どうせ人間は死ぬんだろう？　死んで楽になるのであれば、自殺させてあげてもいいんじゃない？」

「だめ、私、悲しくなって死んじゃうから」

「キミが自殺したら、お母さんもお父さんも、キミと同じように思うだろうね。人間の命は、決して自分だけのものじゃないということ」

この答え方には、二つの意味があります。一つは、立場を変えて語ることで、**自殺がどれだけ周囲の人を悲しませるか**、感覚で理解させること。もう一つは、「**周囲が悲しむ＝自分の存在意義**」を再認識させるということです。

自分という人間が、家族にとって、いかにかけがえのない存在であるか——。このことをハッキリと知れば、「どうして自殺はいけないのか」という問いは氷解することでしょう。

あるいは——これは面と向かって質問されたわけではないのですが——私は道場で子どもたちに人間と動物の違いについて、よく話をします。前に触れたように、「我慢をするのは人間だ」とか、「礼儀は人間社会にだけあるものだ」とかといった話ですが、その一つで、高学年向けに、

「野生動物は自殺をしない」

というものがあります。

野生動物は、餓えや天敵など、死と隣り合わせで生きていますから、みずから命を断たなくても、ちょっとした油断でたちまち食い殺されてしまいます。必死になって生きていかない限り、死んでしまうのです。

「ところが人間は、そうじゃないね。必死にならなくても生きていける。生きていけるから、じゃ、死んじゃおうか――なんてことも考える。つまり、自殺を考えるというのは、本人にしてみれば苦しんでいるつもりだろうけど、**実は必死で生きてはいない**ということになる」

あるいは、「命の尊さ」ということに主眼を置くなら、**人間は他の動植物の命をちょうだいして生きている**、ということを話すのもいいでしょう。

「人間は、牛だ、豚だ、魚だと、他の生き物の命を食材とすることで生きている。他の生き物の命を奪うだけ奪っておいて、〝自殺するのは私の勝手でしょ〟となれば、食べられたほうはたまんないね」

子どもの性格や感性に応じて、どの答えを口にするか決めるといいでしょう。

第3章

友達との「なぜ」に答える

? 22 なぜ、約束を守らなくてはいけないの?

約束を守れない子どもは、友達に嫌われます。

「一緒に遊ぼうって約束したのに、○○ちゃんは来なかったんだよ」

「ゲームソフトを貸してくれる約束をしたのに、××ちゃんは持ってこないんだ」

そんな批難をよく耳にします。

すると批難された子どもは、

「だって、用事があったんだからしょうがないじゃん」

「ママが人に貸しちゃいけないって言うんだもん、しょうがないだろう」

と、たいてい「しょうがない」を口にして居直ります。「約束を破った」「悪いことをした」という認識が希薄なんですね。人間社会において、約束がどれほど重要なことかわかっていない。きっと、家庭でそういう教育を受けていないのでしょう。

どんなに算数や英語ができようとも、約束を破って平気でいるような人間では誰からも相手にされなくなってしまいます。

では、なぜ約束を守らなければならないかを、小学生にどう説明すればいいでしょうか？

私は、こんな例を挙げて質問します。

まず、低学年に対しては、

「横断歩道は、なぜ、赤信号で渡ってはいけないのか？」

といったことを問いかけます。

「危ないから」

「そう。赤は止まれ、青は進め――というお約束になっているんだね。赤信号で横断歩道を渡るのは約束を破ったことになって、自分もケガをするし、自動車を運転している人に迷惑をかけることになる。では授業時間は、なぜ、教室に座っていなければならないのか？」

「そういう決まりになっているから」

「そう。決まりとは団体行動をするうえでの約束のことで、この約束をみんなが守るから授業ができる。僕は体育がいい、私は算数、俺は社会——なんて、みんなが勝手なことを言うと授業は成り立たない。一時限は算数、二時限は国語というふうに決まっていて、それに従ってみんなが授業を受ける。

電車だって、運転手さんが時刻表という約束を守って走らせているから、時間どおりに電車がやってくる。

つまり、**私たちの生活は約束のうえに成り立っている**んだね。だから、約束は守らなくちゃならないし、何かの都合で守れなくなったら、素直にあやまらなくちゃならないってこと」

中・高学年になると、**「動物」と「人間」の違いを持ち出す**と、知的な興味が刺激されて耳を傾けてくれます。

「動物に約束事はないね。自由で、何をしてもいい。人類も太古の時代はそうだった。仲間に危害を加えても、〝何をしようと俺の勝手だろ〟ということでよかった。だけど、自分が勝手なことをして許されるということは、相手にも同じようにやられるということだね。これじゃ、いつ危害を加えられるかわからない。

そこで、〝お互い、危害を加えるのはやめよう〟という約束をするようになる。

こうして人間社会ができあがっていく。やがて社会が進歩し、口約束だけじゃ、破る者も出てくるというので罰則を設けた。これが法律だ」

ここまで話せば、「約束」というものの重みがわかってくるはずです。そしてさらに、高学年の場合、**「約束を守る＝信用」というところまで話して聞かせる**ことができればベストです。

私は、こんな話をします。

「駅で朝八時に待ち合わせたとします。駅まで歩いて十五分だとすると、すこし余裕を見て七時四十分に出る。朝ご飯と仕度に三十分かかるとすれば七時過ぎに食事。その前に顔を洗ったりする時間を十分ほどと計算すれば、起きるのは遅くても七時前ということになる。

つまり、八時という約束の時間に遅れまいとすると、最低でもこれだけの手順を踏まなければならない。これを〝責任感〟と言います。時間に遅れるのは、そこまで責任感のない人。時間ひとつ守れないようでは、もっと大事な約束をして守れるわけがない。約束を守るというのは、〝信用〟のことなんだ」

説教臭くなると無意識に反発の心が起きますので、

「約束を守れない人は〝身勝手〟と言うんだけど、小さな約束が守れない人は〝身《ミ》勝手〟より一音下の〝レ勝手〟、大事な約束を守れない人はミより二音下の〝ド勝手〟と言うんだ」

ダジャレであっても、笑えば、このことが刺激となって脳裏に刻まれていくことになるのです。

私は道場のホワイトボードを使って、漢字や言葉の意味から運動理論まで、いろんな話をしますが、子どもは移り気ですから、説明そのものに興味を失うと、もう耳を貸さないものです。子どもたちの問いに対する答えは、「いかに興味を引きつけるか」ということも大事になってくるのです。

? 23 友達は、いなくてはいけないの?

この問いには、二つのケースがあります。

一つは、「私は友達なんか欲しいと思っていないのに、親が心配して〝友達をつくれ〟とうるさく言う。友達はいなくちゃいけないの?」というケース。

もう一つは、「私は友達が欲しいのにできない。友達がいない私って、よくない人間なの?」というケース。

前者は「親の言うことに対する疑問」で、後者は「本人の悩み」ということになります。

まず、前者。

私の道場にはいろんなタイプの子どもがいます。元気な子、おとなしい子、快活で、いつもグループの中心にいる人気者もいれば、道場の隅っこに一人でじっとしている子もいます。

道場を開いた二十年前、孤立した子を見ると、

「続かないのではないか」

「すぐに来なくなるのではないか」

と心配し、みんなと仲良く稽古できるように気を配ったものですが、いまはそんなことはしません。**隅っこに一人でじっとしているのは〝個性〟**であって、本人はそのことを嫌がっていないということがわかっているからです。

ところが親にしてみれば、誰とでも仲良くやってほしいと願っています。

「うちの子、みんなとちゃんとやっていけるでしょうか？」

と、不安な顔で私に訊いてきます。

「大丈夫です」

と答えますが、親にしてみればなかなか納得しがたいようで、外からわが子の様子を見ていたりする。

これがよくない。

「ママは〝みんなと仲良くしなさい〟ってうるさく言うんだけど、友達はいなく

ちゃいけないの？」

と訊いてきた高学年の女子の悩みは、友達がいないことではなく、「親の心配」にあるのです。

「本当は、友達なんかいなくたって平気なんだけど、そんなこと言ったらママが心配するから内緒だよ」

と私と二人の約束にしておいて、こう続けました。

「**友達はね、〝人生の宝物〟なんだ。**宝物だから、そう簡単には見つからない。そこいらの地面を手当たり次第に掘ってみたって、大判小判がザクザクというわけにはいかないさ。だから、あわてず、じっくり探していれば、そのうち〝あっ、ここにあった！〟ということになるんだ」

この言葉に安心したようです。「いまの自分でいい」という気持ちの余裕があれば、表情も自然と明るくなり、遠からず、いい友達ができるでしょう。

大事なことは、「**みんなと仲良く」という親の押しつけをしない**ことです。親の気持ちはよくわかりますが、芸能アイドルではあるまいし、万人の人気者になる必要はまったくないのです。「みんなと仲良く」は、逆説的に言えば「誰とも仲良くなっていない」ということなのです。「友達がいないこと」が子どもにとってマイナスなのではなく、**それをネガティブにとらえる親の態度が悪影響を与えている**というのが、私のこれまでの経験から言えることです。

心配しなくても、子どもはちゃんと友達を見つけ、自立していきます。小学校時代はまったく無口な子どもが、青年になるころには快活で、雄弁な人間に変わっていく例を、私は何人も見てきています。**友達は「つくる」のではなく「できる」というのが正解だ**――というのが、私の考えです。無理して友達をつくって何の意味があるのか――という親の確固たる姿勢が何より大事だと思います。

考えなければならないのは、後者です。

友達が欲しいのに、できないと悩んでいる子には、二つのことを言います。

「**胸を張って姿勢を正すこと、ハキハキと大きな声で話をすること**」

狙いは、頑張って「明るいイメージ」の人間になることです。演出でいっこうに構いません。いえ、誰だって自分を演出して生きているのです。以前、仕事でガッツ石松さんにお会いしたとき、〝ガッツ流〟のこんな名言を口にしました。

「人間、明るくなければ蛾もやってこない」

誘蛾灯《ゆうがとう》に虫たちが群がっていくように、運や、人も、明るい人に寄ってくる——というわけですね。ガッツさんが人を笑わせたり楽しませたりするのは、ノーテンキにやっているわけではなく、

「人が喜んでくれるなら」

という思いでやっているのだとおっしゃっていました。人間関係の至言だと私は思います。

姿勢を正し、ハキハキと大きな声で話をすれば、自然と明るくなります。周囲から明るく見えるだけでなく、自分の内面からも力が湧いてくる。これが、その子にとって何より大事なことです。

? 24 なぜ、いじめはいけないの？

いじめが「悪」であることは、小学生にもわかっています。

問題は、なぜ悪いことなのか、その理由です。

子どもたちに問えば、

「かわいそうだから」

と口をそろえます。

かわいそうと思う気持ちはもちろん大事ですが、同情の心は〝上から目線〟です。「自分は、いじめられる側の人間ではない」という立ち位置にあって初めて、「かわいそう」という気持ちが起こります。繰り返しますが、相手に深く同情する気持ちは尊いものですが、ややもすると傍観者の立場になってしまいます。

そこで私は、もう一歩踏み込んで、

「**自分がいじめられたくないから、人をいじめてはならない**」

と、わが身に引き寄せた答えを口にします。

たとえば私の道場に、運動神経が極端に鈍い小学生のA君がいたときのことです。子どもたちに悪気はないのですが、A君が演武するとクスクスと笑いが起こります。形を変えたいじめですね。

「笑うんじゃない！」

と叱責したのでは、嘲笑を封じ込めただけであって、何の解決にもなりません。

そこで、私はこう問いかけました。

「いま笑った人のなかで、試合のチャンピオンになったことのある者は手を挙げろ」

いません。

「じゃ、自分は上手だと思う者は手を挙げろ」

これもいません。

「いいかい、上手な子から見たらキミたちは〝ヘタッピー〟で、笑いたくなる。その上手な子も、チャンピオンから見ればやっぱり〝ヘタッピー〟。でも、チャンピオンは笑ったりしない。自分より上手な選手や強い選手がたくさんいることを知っているからなんだ。笑われると嫌な気持ちになる。そのことを知っているから、自分より下の選手のことも笑わない」

いじめもそれと同じだ――と言って、話をこんなエピソードで展開します。

「ケンカが弱くて、ノロマで、ずっといじめられていたS君が、中学校に進むと勉強で一番になった。反対にガキ大将で、S君をいじめてばかりいたH君は、勉強ができないため、今度はみんなにバカにされるようになった。つまり、いじめる子も、環境や組織が変われば、いじめられる側にもなるということ。今日はいじめる側でも、明日はいじめられる側になってしまうかもしれないんだぞ」

と、そんな話をするのです。

でも、正直言って、いじめはなくなりません。子どもに「いじめは悪いことだ」と説き、いじめ根絶に向けて努力することはもちろん大切ですが、誤解を恐れずに言えば、それは《百年河清《ひゃくねんかせい》を俟《ま》つ》ことに等しいと思います。この故事は、常に濁っている中国の黄河を引き合いにして、水が澄むのを待つということから転じて、あてのないことを空しく待つことの譬えとして用いられます。

いじめも、それと同じです。子どもと大人とを問わず、人間が集う組織においては優劣が常に介在する以上、いじめは決してなくなりはしません。私は「なぜ、いじめてはいけないのか」という問いに対して、その理由を答えると同時に、

「いじめに負けない強い人間になること」

と、ハッパをかけます。

「いじめに負けない」には二つの意味があり、一つは「**たとえ、いじめられても、負けない強い心を持て**」ということと、「**いじめの対象にならない強い腕力を持て**」という二つです。心と腕力。つまり、心身をいかにして鍛えさせるか。これこそ、いじめからわが子を守る最善にして、手っ取り早い方法だと私は思っています。

乱暴に聞こえるかもしれませんが、「なぜ、いじめるか」「なぜ、いじめてはいけないか」という理屈だけをこねていては、いじめは決して緩和されることはないでしょう。現実として、いかに対応していくかということも、親はしっかりとキモに銘じておく必要があるのではないでしょうか。

? 25
なぜ、人の悪口を言ってはいけないの?

悪口を言うことと、その人の人格は、関係しない——。

これが私の考えです。

「人の不幸が蜜の味なら、人の幸福は苦虫の味、そして人の悪口は砂糖の味」というのが人間の本質で、私が僧籍を置く浄土真宗の宗祖親鸞《しんらん》は《悪性《あくしょう》さらにやめがたし　こころは蛇蝎《じゃかつ》のごとくなり》と説きます。

悪性とは、自分だけをかわいがる身びいきの心のことで、「私たちは生まれながらにして、蛇や蠍《さそり》のように人を刺す恐ろしい毒針を心に宿している」という意味です。

だから私たちは、人の悪口を言わないでは生きてはいけないのです。この前提に立てば、「なぜ、悪口を言ってはいけないの?」という子どもの問いかけに対して、

「お友達の悪口を言うのは、心が醜いから」

という答えは矛盾ですね。

矛盾だけならまだしも、子どもにも「人の悪口を言いたい」という欲求がありますから、「心が醜い」といった〝心のありよう〟を持ち出すと自己嫌悪に陥ってしまい、このことのほうが問題になるでしょう。

「悪口は、お父さんも、お母さんも、誰だって言いたくなるんだけど、できるだけ言わないように気をつけているんだよ」

と言って安心させておいて、こんな質問を投げかけてください。

「悪口を言いたくなるお友達って、どんな子？」

道場の子どもたちに問うと、

「身勝手な人」

「自分さえ、よければいい人」

「団体行動がとれない人」

と、たいていそんな答えが返ってきます。

そこで、さらにこう問います。

「自分さえよければいい人や、勝手な行動をとる人は、どうしていけないの？」

「みんなが困るから」

「〇〇君が遠足の集合時間に遅れたから、僕も一緒に怒られたんだ」

「運動会の入場行進のとき、××君がふざけるから、私たちまで先生に怒られたのよ」


口々に批難しますが、その根底にあるのは「私たちに迷惑をかける人」です。もっと言えば、自分にとって都合のいい人の悪口は言わないということです。あるいは、嫉妬やねたみが悪口になったりする。このことを理解させるために、

「悪口を言いたくなるお友達って、どんな子？」

という**質問を投げかけ**、**気づきを与える**のです。


次に、「悪口というのは必ず当事者の耳に入る」ということを教えてください。なぜなら、人の悪口は楽しいものですから、「〇〇ちゃんが、あなたの悪口を言っていたわよ」という間接的な言い方で、〝〇〇ちゃんの悪口〟を言いたくなるからです。

「キミの悪口を〇〇ちゃんが言っていたと知ったら、どんな気持ちになるかい？」

「大嫌いになる」

「そうだね。心で思うだけにして黙っていればいいものを、ちょっと悪口を言ったために人間関係が壊れてしまう。そして、いったん壊れた人間関係は、なかなかもとにもどらない。そんな関係で顔を会わすのって嫌じゃない？」

人間ですから、それが自分のワガママであっても、人間関係において好き嫌いが生じます。それはいいのです。気をつけるべきは、**できるだけそれを口にしないこと**と教えてあげることですね。こうした処し方を通じて、子どもたちは「人間関係」というものを学んでいくのです。

そして、悪口を「言う」と「言われる」は表裏の関係にあります。だから「なぜ、悪口を言ってはいけないのか」という質問に付随して、

「じゃ、悪口を言われたときは、どうすればいいのか」

という対処法について訊かれますので、一例をご紹介します。お釈迦さんと、弟子の問答に出てくる話なので、エピソードごと話して聞かせるといいでしょう。

お釈迦さんが弟子たちと托鉢《たくはつ》して歩いていると、町民が釈迦にくってかかってきました。

「俺たちは額《ひたい》に汗して働いているというのに、おまえたちは托鉢と称して、人にものをもらって生きているではないか」

お釈迦さんは町民の罵詈雑言を聞き流すと、

「言いたいことはそれだけですか？」

と言って立ち去ります。

おさまらないのは弟子たちです。

「お釈迦さま、どうして反論しないのですか！」

と詰め寄る弟子たちに、お釈迦さんはこう問いかけた。

「では、訊くが、おまえたちは、誰かが毒蛇を持ってきたら受け取るのか？」

「まさか！　受け取るわけがありません」

「受け取らなければ、その毒蛇はどうなる？」

「持ってきた人間が、そのまま持って帰ることになります」

「そのとおり。だから私は〝悪口〟という毒蛇を受け取らなかったのだ」

〝悪口〟という毒蛇――すなわち、汚れた心は、あの町民が持ち帰ったというわけです。

? 26 なぜ、ウソをついてはいけないの?

「ウソをつくな」

という教えは、「オオカミ少年」の譬えで私は学びましたが、みなさんはいかがですか?

この話を何歳のころに聞いたのか定かではありませんが、強烈で、わかりやすく、こうして生涯の記憶として残っています。したがって、低学年の子どもに対しては、理屈を言って聞かせるよりも、このエピソードを物語として話してあげたほうが腑に落ちて理解できるでしょう。

ご承知のように「オオカミ少年」はイソップ寓話の一つです。ヒツジ飼いの少年が退屈しのぎに、

「オオカミが出た!」

と叫ぶと、大人たちが騙され、ヒツジたちを守るため、武器を持って駆けつけてきます。そのあわてぶりが面白くて、少年は何度も同じウソをついたので、そのうち大人たちは少年を信用しなくなってしまいました。そんなある日、本当にオオカミが現れます。

「オオカミが出た！」

少年は必死で叫びましたが、

「またウソを言ってやがる」

と大人たちが信用しなかったため、ヒツジたちはオオカミに食べられてしまう。

こんな物語ですね。

この譬えが子どもにピンとこないようでしたら、「お腹が痛い」に変えてもいいでしょう。

A君が「お腹が痛い」とウソを言って学校を休みます。お母さんが心配して病院へ連れていきますが、悪いところが見つかりませんでした。A君は「お腹が痛い」「頭が痛い」と言えば学校を休めるので、しめしめと思い、何度もウソをつきました。ところが、本当にお腹が痛くなったとき、

「またウソを言っているんでしょ」

とお母さんは本気にしなかったため、A君は苦しみ、とうとう救急車で運ばれることになった——と、こんな話に置き換えてもいいでしょう。

ウソをつくと信用をなくし、自分が困るというアプローチです。

中・高学年になると、「信用をなくす」ということに加え、〝心〟という領域に踏み込むことで、ウソの持つ怖さがより理解できるでしょう。

「ウソをつく人間は、自分がそうであるから人もそうにちがいないと考えてしまうため、相手の言動に対して疑心暗鬼になってしまう。このことに苦しみ、やがて、ひとりぼっちになってしまうんだ」

たとえば、

「私は、あなたと友達になりたい」

というウソをついて歓心を買おうとする人は、同じことを相手に言われたらどう思うでしょうか？

（ウソを言って、自分に近づいてきているんじゃないか？　何か魂胆があるんじゃないか？）

そんな疑念がよぎるため、人のことが信用できず、したがって、いつもひとりぼっちになってしまう――こんな話をするといいでしょう。

そして、このことが理解できた子どもに対しては、「**自分のためにつくウソ**」と「**相手のことを思いやってつくウソ**」の**二つがあること**を話してあげてください。

「私、性格が暗いかしら?」

「そんなことないわよ」

と、励ますウソは相手に対する思いやりですね。

ウソをつくことの戒めは、お釈迦さんの言葉にも出てきますから、二千五百年も昔から、人間にとって大きなテーマだったことがわかります。

お釈迦さまは、こう言います。

「ウソをつくようになると、どんな悪いことでもするようになる。悪いことをするから、またウソをつかなければならなくなり、ウソをつくから平気で悪いことをする」

すなわち、「ウソつきはドロボーの始まり」とは、このことを言うのです。

? 27

なぜ、人をうらやむのはいけないの？

隣の芝生は青く見える。

これが、私たちです。

人をうらやむ心は煩悩ですから、生まれながらにして万人が等しく持っているものであるにもかかわらず、

「人をうらやむのは醜い心だ」

と私たちは教わってきましたし、子どもたちにもそう諭します。

でも、「どうして人をうらやんではいけないの？」と、子どもに正面きって問われると、返答は難しいものです。なぜなら、「よくない」ということが気持ちのうえでわかっているため、あえて理屈立てて考えていないからです。

したがって、

「人をうらやむと、自分がみじめになるから」

といった言い方をして、お茶を濁すのではないでしょうか。

実際、自分がみじめになるのは確かです。ですが、〝うらやみの心〟が生まれながらに具わり、それが払拭できないものである以上、「それはだめよ」と言われたのでは、子どもたちは自己嫌悪に陥ってしまうでしょう。

私は、うらやみの心を肯定し、

「いいんだよ、人をうらやんでも」

と安心させておいて、〝うらやみのメカニズム〟から話して聞かせます。

「A君は背が低いので、背が高いB君をうらやましがる。B君は勉強が苦手なので、優等生のC君をうらやましがる。C君の家はあまり裕福ではないので、お金持ちのA君をうらやましがる。ということは、B君をうらやましがるA君はC君にうらやましがられ、A君をうらやましがるC君はB君にうらやましがられ、C君をうらやましがるB君はA君にうらやましがられている」

と図式に書いて見せ、

「人間は、人をうらやむと同時に、うらやましがられる存在なんだ。ところが、うらやむことばかりに気を取られていて、うらやましがられている自分に気がつかないんだね」

と〝うらやみのメカニズム〟で「人間は誰しも、ないものねだりをする」ということを説明し、「人をうらやむ心そのものは、決して醜いものではない」と言って、まず安心させます。

そのうえで、

「心が醜くなるかどうかは、〝うらやましく思う心〟を、自分がどう受け止め、行動にあらわすかで決まるんだ」

という話をします。

「たとえば、勉強ができるC君をうらやましく思うB君が、〝よし、僕も頑張ってC君に近づくぞ〟と目標にすれば、これは大いに誉められるべきだね。ところが目標にもせず、努力もせず、〝勉強の邪魔してやれ〟〝意地悪をしてやれ〟と、嫉妬に駆られるままC君を攻撃する、その心を醜いと言うんだ」

つまり、**うらやみの心を「目標に転化しろ」ということを伝える**のです。

子どもには言いませんが、うらやみの心の根源にあるのは、

「自分は、そうはなれない」

という、あきらめの心です。頑張れば自分もそうなれると思っていれば、嫉妬心は起こりにくいものです。「自分には無理だ」という、あきらめや絶望感が、腹立たしさになり、嫉妬という黒い炎をチロチロと燃やすことになる。

言い換えれば、**子どもにとって大事なのは、「うらやみの心をいかに目標やあこがれに転化させていくか」**ということです。

私が保護司としてこれまで担当した非行少年の多くは、外見では虚勢を張っていますが、大なり小なり、ぬぐいがたいコンプレックス——すなわち、きちんとした人生を歩んでいる同世代に対して、うらやみの心を持っている、というのが実感です。

問題は、**コンプレックスをバネとして活かすかどうか**。

「よし、負けるもんか！」

と奮起する少年は非行から立ち直り、ガテン系の下請け会社を設立するなど頭角を現していきますが、

「どうせ俺は落ちこぼれだ」

とネガティブにとらえる少年は、周囲に牙を剝《む》き、ますます非行の度合いを深めていくようです。こうした少年にとって不幸だと私が感じるのは、自分が周囲に対して、うらやみの心を持っていることに気づいていないことです。だから、うらやみの心を目標に転化することも、努力のバネにすることもなく、ツッパッて生きていくのです。

そう考えると、

「どうして人をうらやんではいけないの？」

という子どもの素朴な問いに対する親の答えは、その子の将来にとって、大きな意味を持つと、私は考えるのです。

？ 28 なぜ、みんなと仲良くしなくてはいけないの？

子どもでなくても、こんな疑問を持つのではないでしょうか。

職場や近所付き合いで、ウマが合う人もいれば、取っつきにくい人もいます。仲良くお付き合いする気になれない人はいても、大人ですから顔を合わせば笑顔で挨拶はします。

でも、子どもは違います。

「私、B子ちゃんのこと、好きじゃないの」

五年生女子のA子ちゃんが、小声で私に訴えてきました。

私の指導法の一つとして、みんなが仲良くなるようにと、子どもの性格や友達関係を考慮しながら、グループ分けして稽古をさせたりするのですが、A子ちゃんは「B子ちゃんと一緒にしないでほしい」と私に言ってきたわけです。

実は、この二人はなんとなく気が合わないことは、私にも察しがついていました。しかし、同学年であり、気が合わなさそうだからこそ、あえて同じグループにし、仲良くなってくれればいい、というのが私の狙いです。

だから、

「B子ちゃんと仲良くやってよ」

と言ったところが、

「どうして？　B子ちゃんはワガママだもん。好きじゃない人と、どうして仲良くしなくちゃならないの？」

そう訊いてきた次第です。

「でも、B子ちゃん、いい子だよ。しばらく一緒にやってみてよ」

と言うのは逆効果。

「好きじゃない」と言っているのに、私が「いい子」と持ち上げたのでは、B子ちゃんの〝味方〟になってしまうので、A子ちゃんはヘソを曲げて、私の言うことを素直には聞いてくれなくなるでしょう。

さりとて、

「《馬には乗ってみよ、人には添うてみよ》と昔から言うように、馬は乗ってみなければ良し悪しがわからないし、人間だって実際に付き合ってみなければ、どんな人かわからないんだ」

と諭したのでは、

「私、B子ちゃんがどんな子か知ってるもん」

そう言われれば、返す言葉がなくなってきます。

そこで私は、こう言いました。

「ワガママなB子ちゃんを、うまく引き込んでくれないか？　これができるのはキミしかいないんだ」

プライドをくすぐり、A子ちゃんは不承不承ながらもB子ちゃんと同じ五人グループに入って稽古を始めたのですが、ポイントはここからです。グループでの基本稽古が終わったところで、A子ちゃんにこう補足します。

「学校でも職場でもそうだけど、成長すればするほど、キミと関わる人は多くなっていって、それにつれて好きでない人も増えていく。だけど、好きではないからといって、プイと横を向いているわけにはいかない。好きにならなくても、そういう人とどうすればうまく関係が結べるか、せっかくだから、いまのうちから実験してみたらいいと思うよ」

「仲良くする」をゲーム感覚で説くのです。人間関係も、相手のことをよく知っているつもりでも、付き合っているうちに意外な一面を発見して、本当に仲良くなることは少なくありませんね。

ですから、子どもたちには、「なぜ、仲良くしなければならないのか」を説明するのではなく、「仲良くしてみよう」という動機づけをする必要があるのです。それでも「やっぱりイヤだ」ということなれば、

「じゃ、仲良くしなくてもいいから、ケンカはしないでくれよ」

と言えばいいでしょう。

子どもたちは、仲のいい子たちがグループをつくり、気に入らない子は排除しようとします。それは自然な感情で、決して悪いことだとは思いませんが、社会に出れば、〝仲良しグループ〟だけで仕事をするわけではありません。

低学年であれば、「みんなと仲良くするのよ」と道徳の視点から説けばいいことですが、高学年になれば、それで通用しません。あえて〝社会における人間関係〟

というものを引き合いに出して、「あなたなら、きっとわかるでしょう」というスタンスで説明する。「**一人前として扱うことによって、プライドがくすぐられ、より説得力を持つ**」というのが、私の経験から得た答え方なのです。

ちなみにA子ちゃんは、B子ちゃんと仲のいい友達になりました。性格の違いが、かえってよかったのかもしれません。仲良くなってから、私がA子ちゃんに「馬には乗ってみよ、人には添うてみよ」と言うと、ニッコリ笑ったのでした。

?

29

なぜ、大人はお酒を飲むの？

孫二人と、私たち夫婦の四人で食事に行ったときのことです。料理の他、家内がビール、クルマを運転する私と孫たちはジュースを注文したところ、小学校四年生の妹が、

「どうして子どもはお酒を飲んじゃいけないの？」

と質問しました。

口ぶりから察して、前々からそのことが疑問だったようですが、六年生の兄がすぐさま得意顔で、

「法律で決まっているの。二十歳まで——大人になるまで飲んじゃいけないんだ」

と言ったところが、

「どうして？　どうして大人になるまで飲んじゃいけないの？」

妹に突っ込まれてしまいました。

返答に詰まった兄は、

「そういうふうに決まっているんだ」

と繰り返し、家内も、

「そうよ、大人になるまで飲んじゃいけないのよ」

とフォローしますが、

「だから、どうして？」

勝ち気な妹は譲りませんでした。

子どもは、大人の飲酒に興味津々です。街に飲み屋さんはあふれていますし、酔っ払いもいます。しかも、テレビのCMで、ビールをゴクゴクとうまそうに飲み干すのを見れば、

（お酒って、おいしいの？）

そう思うのは当然でしょう。

ところが、どんな味がするのか、ビールをついだグラスに人差指を入れて舐めてみると、苦いばかりで、ちっともおいしくない。私も子どものころに経験がありま

すし、孫たちもそうですが、こんなマズイものを大人たちはどうして飲むのか、不思議に思うようです。

と同時に、このマズイものを飲んでいいのは、なぜ、大人だけなのか——ということも理解できないでいるのです。

答えは明快です。

「**飲酒は、身体や脳の発育に悪影響をおよぼすから**」

この一語ですが、これは「子どもが飲んではいけない理由」であって、「なぜ、大人は飲むのか」という説明にはなっていません。

さりとて、

「お酒を飲むと、いい気持ちになるんだよ」

「ストレス解消」

「仲間とワイワイ楽しむんだ」

と言ったのでは、誤解を招くことになります。

そこで、私はこの夜、孫たちにこう話しました。

「大昔から、食事をおいしく食べるために、それぞれの国で料理に合ったお酒がつくられてきたんだ。たとえば、醬油味の刺身には日本酒、ステーキにはワイン、夏の暑いときは冷たいビールとかね。ただ、**大人にならないと、これがおいしく感じられないい**んだな。譬えて言えば、ワサビのようなものだね。大人は鮨や刺身をおいしく食べるためにワサビをつけるだろう？　キミらはどうだい？」

「嫌い」

「だけど、大人は好きだろう？　トウガラシもコショウもそうだね。お酒もそれと同じということ」

これで妹は納得しましたが、兄のほうは〝酔っ払う〟ということに引っかかっているようでした。子どもにとって、正気を失った酔っ払いは恐怖の対象で、大人はなぜ、そこまでお酒を飲むのか——というわけです。

「もっともな疑問だな。身体や脳の発育だけでなく、実はここにも大人にならなければ酒を飲んではいけない理由がある。飲みすぎると頭がマヒしてきて、お酒が止まらなくなってしまう。たとえばキミらは、ゲームの途中でやめられるか？　大好きなテレビ番組を見ていて、途中でスイッチを切れるかい？」

「無理かも」

「お酒もそれと同じだけど、子どもと違うのは、〝もうちょっと飲みたいけど、これ以上、飲んだら酔っ払ってしまうからやめよう〟と思い、そうできるのが大人。これを〝自制心〟というんだ」

「でも、酔っ払いがいるじゃない」

「そうだな。確かに、そういう人もいる。だからキミらが大人になったときは、そうならないよう自制心のある人間に育ってほしいな」

そんな説明をしたのです。

酒はいいものです。しかし、飲酒運転で事故を起こして人生を棒に振ることもあれば、アルコール依存症を引き起こしたりすることもあります。お酒に関する子どもの「なぜ」は、そこまで見据えて話をしてあげると同時に、**親にも飲酒に対する自制心が求められる**だろうと、私は思うのです。

? 30

なぜ、本を読まなければいけないの？

夏休みも終わりが近づくと、小学校の中・高学年が共通して、こう言います。

「読書感想文をどうしよう！」

他の宿題は終わっていても、読書感想文を苦手とする子が多く、最後まで残ってしまうということのようです。

だから、私は言います。

「感想文なんて、自分の感想を書けばいいのだから簡単じゃないか。〝とても面白かったです〟——これでいい」

「それだけじゃ、だめなんだよ」

「じゃ、〝とても面白かったです。どこが面白かったかといえば〟——と続けて書いていけばいい」

「あっ、そうか」

と、こんな話になるのですが、読書を嫌う子が多いのには驚かされます。

「本を読みなさい」

と言うと、

「なんで!」

とブーイングです。

確かに、字を目で追うのは辛気《しんき》臭いし、意味や情景、論旨といったことを頭で考えながら読まなければなりません。ゲームやテレビ、漫画のほうが子どもにはわかりやすく、刺激的で面白いのでしょう。

でも、子どもには本も読ませるべきだと思います。

「なぜ」

と問われたら、

「理由は三つある」

と答えてください。

どういう言い方をするかは子どもに応じて考えていただくとして、三つの理由について説明します。

一つは、本を読むことによって読解力が身につきます。何が書かれているのか、何を言わんとしているのかを読み取る訓練です。学校の試験問題から仕事関係の書類まで、すべて文字で書かれており、読解力はとても大事になってくるのです。

二つ目は、知識の吸収です。外国のことから宇宙、歴史、科学、伝記、生活の知恵といったことまで、すべて本によって学び、知ることができます。

「テレビだって勉強になるよ」

と子どもが反論すれば、

「もちろん、テレビも大事だよ。映像で理解するということにおいては、本はテレビにはかなわない。だけど、テレビは映像が一方的に流れてくるため、立ち止まって考えるということができないね。〝なるほど〟とは思っても、〝なぜだろう〟と自分に問いかけ、答えを見つけるのには適していないんだ。〝どうして、なぜ〟と考えているうちに、画面はどんどん進んでいってしまう。考える力をつけるには、本のほうがいい」

といった言い方をすればいいでしょう。

三つ目は、想像力の喚起。怒った男の顔は、テレビで見れば万人共通ですが、「目を剝き、ものすごい形相をした」という描写から想像する顔は人によって違います。これが想像力であり、想像力は創造力につながっていく――というのが私の考えです。

それと、あえてつけ加えておけば、私がこれまで保護司として担当した**非行少年の多くは、読書との関わりが希薄であった**というのが実感です。「本を読めば非行に走らない」というのは短絡にすぎるとしても、本によって見聞を広め、思索し、〝人生〟というものを俯瞰して見る目を養うことは、子どもにはとても大切なことだと思うのです。

？31 学校の先生が嫌いなんだけど

先生を嫌うようになる理由はさまざまです。

「厳しすぎる」

「すぐ怒る」

「依怙贔屓《えこひいき》する」

それぞれ言い分があります。

試しに「学校で、嫌いな先生がいる人？」と問いかけると、学年が上にいくにしたがって、手の挙がる数が増えていきます。〝自我〟というものが前面に出てくるため、それに比例して先生との摩擦も多くなっていくでしょうし、価値観の違いも鮮明になっていきます。批判もすれば、唯々諾々《いいだくだく》と先生の言うことに従わなくなるということもあるでしょう。

したがって、「なぜ、先生を好きにならなければならないのか」と問うのは圧倒的に高学年が多くなりますので、

「ちゃんと先生の言うことを聞いていい子にしていれば、先生は必ずキミのことを好きになってくれるよ」

と、低学年に答えるようなことは口にしません。

ウソっぽくて、鼻で笑われるだけですから、

「好きになる必要はない」

ズバリと言います。

そのうえで、

「ただし、好きにならなくてもいいが、嫌ってはだめだよ」

と、つけ加えるのです。

「なぜかと言えば、キミが嫌えばテレパシーで先生にもそれがわかる。だから、先生もキミが嫌いになる。先生だから、生徒を嫌っちゃいけないと自分に言い聞かせるだろうけど、先生も人間。嫌われて喜ぶ人はいない。損するのはキミたちだ」

と、**〝人間関係〟という一段高い視点から**話して聞かせます。

「キミらはこれから中学、高校と進んでいく。学校では勉強することが大事。先生が好きだとか、好きじゃないとか言ってるようじゃ、赤ちゃんと一緒だな」

高学年ですから、こういう言い方をすれば、きちんと理解してくれるものです。先生と生徒の関係に「損得」を持ち出すのは気が引けますが、先生を毛嫌いすれば不登校の原因になったりもしますので、**「好きにならなくても、嫌いにならなければいい」というニュートラルな価値観は大切**だろうと私は思っています。

つまり、「好き」の反対は「嫌い」というような、二者択一の考え方をしないことです。「白か黒か」という選択と価値観は、子どもを逃げ場のない袋小路に追い込んでしまいます。解決策が当面、見つからない場合は、とりあえず灰色の部分——すなわち、ニュートラルゾーンに〝避難〟させてやり、時の流れに身をゆだねるだけの余裕を親が与えてやっていただきたいものです。

実は、「好きにならなくても、嫌いにならなければいい」という心構えは、空手の試合に臨むときに私が口にする言葉をもじったものです。

「いいか、勝とうとすれば気がはやって隙ができる。だから、負けまいと思って戦うんだ。隙が封じられ、勝機が見えてくる」

勝つを「好き」、負けまいを「嫌いにならない」に置き換えれば、そのうち先生に対する気持ちも変わってくるものです。

現在、小学校の一年生は一クラス三十五人、二年生以降は四十人を基準としていますから、先生から見た生徒との関係は一対四十です。ところが生徒からみれば一対一ですね。先生は四十人に目配せをしますが、生徒はあくまで「自分と先生」との関係で見てしまいます。当然ながら、目が行き届かないこともあるでしょう。

私は道場で多くの子どもたちを指導していますので、先生の立場がよくわかります。一人ひとり丁重に対応しようとは思っていても、忙しいときは、つい対応がおざなりなったりします。私にしてみれば一対多数ですからさして気にはしませんが、子どもにしてみれば一対一ですから、過敏に反応して、「嫌われた」と思って傷つくことがあるでしょう。

ですから、先生のことを「好き」「嫌い」と二者択一で考えないで、とりあえず「好きではないが、嫌いでもない」という気持ちでいれば、そのうち先生に対する気持ちも変わってくるのです。

? 32 なぜ、人に親切にしなければいけないの？

「人に親切にして、〝ありがとう〟って言われると気持ちがいいでしょう？　だから、うんと親切にしてあげてね」

小学校一年生であれば、答えはこれでいいでしょう。

もう少し学年が上になれば、

「嫌なヤツと呼ばれたいかい？　イヤだよね。だから親切で、心のやさしい人間と呼ばれるようになりなさい」

こんな諭《さとし》でいいでしょう。

仏教の教義を持ち出せば、「それは人間の傲慢であり、親切に名を借りた自己満足にすぎない」という批判も出てきますが、それは大人の世界。低学年の子どもたちには、まず「親切は善である」と教えることが大切です。

高学年になると、この回答では単純すぎますので、**心理学と人間関係論を持ち出して説明するといい**でしょう。知的興味が刺激され、親切にすることの深い意味が腑に落ちて理解できるはずです。

少し理屈っぽくなりますが、こんな話し方もあるということで、対話形式にして紹介しましょう。

子ども　どうして親切にしなくちゃならないの？

父　親　おまえは、親切にされて嬉しくないかい？

子ども　嬉しい。

父　親　そうだね。すると**人間は、親切にされたことを相手に返そう、という心理が働くんだ**。たとえば友達から旅行のお土産をもらったら、もらいっぱなしにするんじゃなくて、自分が旅行したときは、その友達にお土産を買って帰らなくてはならないと思う。違うかい？

子ども　思う。

父　親　この心理を「返報性の原理」というんだ。つまり、人から何かもらったり親切にされると〝お返し〟をしたくなる。これが人間なんだ。ということは、人に親切にすれば相手も親切のお返しをする。〝親切のキャッチボール〟が続くため、とてもいい人間関係ができていくことになる。

そしてさらに、「ペイ・バック」「ペイ・フォワード」という話を展開します。

父　親　お土産を買ってきてくれた相手に、今度は自分がお土産を買ってくることを「ペイ・バック」という。親切を、親切にしてくれた相手に直接返す、という意味だ。だけど、その友達が遠くへ引っ越したらどうなる？お土産を買って帰るかい？

子ども　渡せないんだから買わないよ。

父　親　ということはそこで親切のキャッチボールは終わってしまう。ところが、お土産をもらったことが嬉しくて、この嬉しさを他の友達にも味わってもらおうと、別の人たちに買って帰ったらどうかな。〝みんなで食べてよ〟とか言って差し出す。すると、今度は友達の誰かがお土産を買ってくるから親切のキャッチボールは終わることがない。わかるかい？

子ども　うん、わかる。

父　親　これが「ペイ・フォワード」——つまり、〝次に渡す〟ということ。このことを日本では昔から「恩送り」といって、みんながやってきたんだね。親切にするということは、〝あなたと私〟という狭い関係だけでなく、社会全体に関わってくるんだ。

ここまで説明すると、感性の鋭い子は、「なぜ、恩送りがなくなってきたのか」ということを質問してきます。

「答えは簡単だ。お互いが親切にしなくなったから。自分さえよければいい、人のことなんか構っていられないという個人主義が原因だね。もっと言えば、ギブ・アンド・テイク。〝これだけのことをしたんだから、これだけのものをください〟ということになれば、親切は存在しないことになる」

と言って、次のエピソードを話して、子どもたちに考えさせます。

私が以前、中国・上海を舞台としたビジネス劇画を執筆したときのことです。連載なので、取材のため上海に出かけました。日系企業のビジネスマンに中国人気質について話を聞くと、「功利主義（実利主義）」という言葉を返してから、こんな例を挙げました。

「子どもが川に落ちて溺れているとします。母親が、通りかかった男性に〝うちの子を助けて！〟と哀願します。すると、こう言うのです。〝どうして俺が、あんたの子を助けなくちゃならないんだ？　助けに行って俺が溺れたらどうしてくれるんだ〟。つまり、お金——リスクに見合う対価を出せというわけです」

この話を、わが子にして、どう思うか訊いてみるといいでしょう。

「そんなの、おかしいよ」

と言ってくれれば、

「だから、親切のキャッチボールが大事なんだよ」

と、もう一度、最初の説明にもどります。

「なぜ、親切にしなければならないのか」という問いに対しての答えは、「**なぜ、親切にしなくなったのか」ということを考えるキッカケにしてこそ正解になる**のではないでしょうか。

第4章
社会の「なぜ」に答える

？33 なぜ、人は戦争をするの？

低学年には、こんな譬え話をします。

「みんなでケーキを一つずつ食べていて、あなたがもっと食べたいと思ったら、どうする？」

「ちょうだいって、ママに言う」

「ママが〝もうありません〟と言ったら？」

「我慢する」

「そう、偉いね。でも、もっと食べたいと思って、人のケーキを取ってしまおうとする悪い人もいる。取られる人はイヤだよね。だからケンカになる。これが戦争なんだ」

そして、

「みんなで仲良く分け合って食べれば戦争は起きないんだけど、自分だけケーキをたくさん食べようとする人がいるからよくないんだ」

こんな話でいいでしょう。

高学年に対しては二つのアプローチがあり、子どもの性格と、社会に対する問題意識に応じて、どちらを説明するか決めてください。

一つは、**「生き方論」からのアプローチ**です。

人類は戦争の歴史です。浄土真宗が根本経典とする『無量寿経《むりょうじゅきょう》』のなかに《兵戈無用《ひょうがむよう》》という言葉が出てきますが、これは「武器も軍隊もいらない」という意味で、はるか二千五百年前の時代から、お釈迦さんは戦争を憂えていたということになります。

「自分の都合、自分さえよければいいという利己的な価値観が争いを引き起こし、それが国家規模になったものが戦争だ。戦争がなくならないということは、私たちが利己的な価値観にとらわれ続けているということでもあるんだ」

そして、ここからが大事で「利己的な価値観は、それぞれが〝自分が正しい〟と思い込んでいるところに問題がある」という話をしてください。

たとえば、浄土宗の宗祖法然《ほうねん》のエピソードがわかりやいでしょう。

法然の父親は、法然が九歳のとき、勢力争いをしていた宿敵の夜討ちで殺されてしまうのですが、臨終に際して、法然にこう遺言します。

「仇《かたき》をとろうとしてはならない。私の仇をとれば、次はおまえが狙われる。恨みの連鎖は永遠に尽きることがなくなってしまう」

当時、仇討《あだう》ちは当たり前のことでした。法然には「父の仇をとる」という大義名分があるため、「自分が正しい」ということになります。そして仇をとれば一転、相手も「自分は正しい」になる。それでは永遠に争いはなくならないぞ——と法然の父は諭したのです。

これはお釈迦さんが説いた次の言葉によるものとされます。

《この世において、いかなるときも、多くの怨みは怨みによっては、決してやむことがない。怨みを捨ててこそやむ。これは永遠の真理（法）である》

こうして法然は仇討ちをすることなく、比叡山にのぼって僧侶としての道を歩み続けることになります。

「このことは大昔の話だけでなく、わずか七十年前にもあったんだ」

と言って、戦争の話をしてください。

日本が第二次世界大戦で敗戦してから六年後の昭和二十六年九月、サンフランシスコ対日講和会議が開かれたときのことです。一部の国から、日本を米・英・中・ソの四カ国で分割占領し、首都の東京は四カ国が共同占領するという強硬な案が出されました。この案が採決されれば、日本は分断国家になってしまいます。この正念場において、仏教徒で、スリランカ代表（当時はセイロン）のジャヤワルデネ財務大臣が、先のお釈迦さんの言葉――《この世において、いかなるときも、多くの怨みは怨みによっては、決してやむことがない。怨みを捨ててこそやむ。これは永遠の真理（法）である》という言葉を引いて、スリランカは日本への賠償請求権を放棄すると宣言し、

「アジアの将来にとって、完全に独立した自由な日本が必要である」

と、日本の分割統治案を真っ向から退けたのです。

「つまり、私たちには〝赦《ゆる》す〟という寛容な心が必要ということなんだね」

と、生き方論にもっていきます。

もう一つの回答は、

「戦争で儲ける人や企業がいるから」

と、**戦争の実相を教える方法**です。

「戦争するには兵器がいるだろう？　兵器を作って売る産業を〝軍需産業〟と言うんだけど、世界のあちこちで戦争してくれれば、それだけ高価な兵器が売れて儲かる。軍需産業が儲かれば、その国も儲かる。だから平和反対、戦争大歓迎というわけだ。もちろん、自分の国を戦場にすることはない」

そして、さらにもう一歩突っ込んで、

「世の中は、プラスとマイナスを足せばゼロになるようにできているんだ。たとえば、受験があるから塾が繁盛する。病気があるから病院が成り立つ。戦争があるから軍需産業が儲かる」

世の中の仕組みをかいつまんで説明してから、

「だから何事も〝自分の視点〟からだけで見ていたのでは、本当の姿は見えない。**勉強し、知識を吸収することの意味は、ここにあるんだ**」

そんな展開も一例としてあるのです。

? 34

なぜ、人に迷惑をかけてはいけないの？

子どもを叱るとき、よく言う言葉です。

私も、道場で口を酸っぱくして注意します。

「稽古したくなければ、端っこに座っていなさい。他の人の邪魔をしてはいけない」

人に迷惑をかけないというのは、集団社会において当たり前のことですね。

「あなたの身勝手で私に迷惑をかけないでください。そのかわり、私もあなたに迷惑をかけませんから」

これが、社会生活の基本です。

私は親からそう言われて育ちましたし、私の子どもたちや孫たちにはもちろん、道場に通ってくる子どもたちにも口やかましく言いました。

言いました――と過去形にしたのは、十年前、僧籍を得て仏法を学ぶなかで考えが変わってきたからです。人に迷惑をかけてはいけないのは当然ですが、「**私たちは人に迷惑をかけなければ生きていけない存在である**」ということに目を見開かされたからです。

「迷惑」というのは、直接的な〝被害〟にとどまらず、周囲の手助けやお世話によって生かされているということです。食事ひとつとってもそうです。魚は漁師が海で獲ってきたものです。仕事として漁《りょう》をやっていると言えばそのとおりですが、漁師がそれを生業《なりわい》にしているからこそ、私たちは魚を食べることができる。米も野菜も、製造業もすべてそうです。道路も、信号も、それを建設する社会の仕組みと携わる人がいるから、私たちは安心のなかで生活していけるのです。

「私の自慢は、誰にも迷惑をかけてこなかったことだ」

と、胸を聳《そび》やかす人もいますが、「迷惑をかけていない」と考えている、そのこと自体が傲慢と言っていいでしょう。私たちはそうと意識しないだけで、お互いが助け合い、お互いが迷惑をかけ合いながら生かされていることを忘れてはならないと思うのです。

そう考えれば、

「どうして人に迷惑をかけちゃいけないの？」

と問われて、

「迷惑をかけないのが社会ルール」

という答え方で終わってしまったのでは——それが正しい答えではあっても——子どもの人間性を育むということからすれば、**いささか薄っぺらいものになる**のではないでしょうか。

「キミが大人になっていくまでに、どれほどの人と関わり合っていくだろうか。数えてごらん。親から学校の先生、友達……。電車に乗るのだって、鉄道会社があって、運転手さんがいて、車掌さんがいて、駅員がいるから乗れる。電車を走らせるための電気は、電力会社があって、そこに働く人がいて……。食事だって、洋服だって、本だって、ものすごい数の人が関わり合っている。キミが生きていくためには、数え切れないくらいの人のお世話になっているということだね」

このことを話して聞かせたうえで、

「だから、自分ひとりで生きていると思っちゃだめ。みんなのお陰だと感謝し、キミも、だからみんなのために力になってあげることが大切なんだ。**〝迷惑をかけちゃいけない〟ということの本当の意味は、〝迷惑をかけていることを忘れてはいけないよ〟ということ**なんだね」

「感謝」ということを知る子どもは、多くの人に愛されることでしょう。

私たちは日常の挨拶で「お陰さま」という言葉を用います。「陰」は神仏などの陰のことを言い、その庇護を受ける意味として用いられますが、仏教の視点から言えば「木陰」のことをさします。肌を焦がす真夏の日差しも、木陰の下に入れば涼しくなります。このとき木は、人々が涼をとるために陰をつくってくれているわけではありません。

それでも、木に、

「ありがとう」

と**感謝する、その心が大切である**ことを、どうぞ、子どもに話してあげてください。

? 35 なぜ、挨拶しなければいけないの？

人間と動物の違いは、礼儀が存在するかどうかです。

「挨拶」と言い換えてもいいでしょう。

相手に対する敬意、あるいは人間関係の潤滑油として挨拶をしますが、動物にそれはありませんね。「ウー」と低く唸ったり、「キャッキャッ」と甲高い声を上げるのは、闘争や求愛の意思表示であって、礼儀ではない。

ということは、〝人間としての存在証明〟は、

「礼儀正しい挨拶が、きちんとできるかどうか」

ということになります。

決してオーバーなことを言っているわけではありません。礼儀正しい青年は、上司や取り引き先に好感をもって受け容れられますし、上司であれば、人格者として

人望を集めます。これが人間社会であることは、どなたも経験でご存じのことでしょう。

すなわち、**礼儀正しさや清々《すがすが》しい挨拶は〝人間としての存在証明〟**ということなのです。

道場では、礼儀と挨拶は口やかましく言います。道場に入ってくるときは、正座して「お願いします」と挨拶させます。これは大人も幼児も同じです。

私の道場は、幼児・一年生のクラスは「しつけ教室」と名づけて稽古をしています。

空手だけでなく、挨拶や言葉づかい、さらに自分の意見を言えるような子どもになることを念頭に指導しています。

たとえば、幼児はすぐに帯がほどけますから、

「帯……」

と言って私の前に立ちます。帯を結んでくれと言いたいことはわかりますが、私はこう言います。

「帯がどうかしたの？」

「取れた」

「取れたからどうした？」

「結んで」

「こういうときは、〝帯が取れたから結んでください〟と言うんだよ」

次から、たどたどしい口調であっても、そう言ってくれます。

入口で正座して「お願いします」の挨拶も、必ずやらせます。

「どうして？」

と質問してくる子も当然いますので、相手が幼児・一年生であれば、

「お犬ちゃんや、お猫ちゃんは〝お願いします〟って挨拶するかい？」

「しない」

「そうだね。人間だけが挨拶するんだよ。○○ちゃんは、犬や猫じゃないでしょう」

「うん」

と納得します。

高学年になれば、

「挨拶ひとつできないようでどうする！」

一喝すればいいのです。

それと、これは礼儀や挨拶、しつけのうえで大事なことですが、**教えるときは言葉だけでなく、動作をともなわせる**と素直に聞いてくれます。

たとえば、私は語尾をハッキリするように指導します。「です」「ます」ですね。

「今日は何曜日？」

「土曜日！」

「違う、〝土曜日です〟だ」

というように、やかましく言います。語尾をハッキリさせるしゃべり方をすれば、自然と自信が湧いてくるからです。

しかし、

「です、ます、でした――と、ちゃんと言うんだよ」

と、口だけで指導したのでは、子どもたちもイマイチ気が乗らないものです。

そこで、立ち上がって気をつけをさせ、

「おっ、姿勢がいいな」

と誉めておいて、「今日は土曜日です」と私が口に出して見本を示し、それを復唱させると、子どもたちは大きな声でハキハキと言うのです。「気をつけをする」という具体的な動作をともなうことで、達成感が満たされるのです。

声だけではありません。これは高学年もそうですが、「頑張った人には拍手する」ということを教えようとするとき、いくら口で言っても拍手はおざなりになってしまいます。

　そこで順に個別に稽古させ、見ている子どもたちをランダムに指名して起立させ、

「良かったところ、直したほうがいいところを言ってごらん」

と〝発表〟させます。

　起立する、発表する——という行動が、子どもに緊張感を強い、発表し終わった後に達成感を味わうことになります。こうした経験を重ねるうちに、挨拶とか礼儀が自然に身についていくものと、これは私の経験から言うことです。

?

36

差別するってどういうこと？

奴隷や人種差別、さらにインドのカースト制度を持ち出すまでもなく、悲しいかな、人類は〝差別〟の歴史でもあります。そこまで大上段に振りかざさなくても、日常における差別は常について回ります。

でも、子どもたちには、大人がいだくような意味での「差別意識」はありません。あったとしても、それを差別だとは認識できていないのです。無邪気なだけに、かえって残酷とも言えるのではないでしょうか。

子どもは比較――すなわち〝優劣〟で人を判断します。足が速い遅いといったことから、勉強ができるできない、背が高い低い、歌がうまいヘタ、さらに貧富といった比較を通じて、自分より劣っていると思う者に対して、優越感を持ちます。

もちろん大人もこのことは同じですが、子どもは差別意識がないぶんだけ感情をストレートにあらわすため、相手の心を傷つけてしまいます。私の道場でも、運動神経が鈍く、不器用な子が演武すると、それを見て笑う子がいます。

悪気はないのです。

ヘタだから笑う。

ただ、それだけのことで、

「笑っちゃだめだ」

と叱っても、自分では「悪いことをした」という自覚がありません。したがって、反省もありません。そんな経験から、差別をする側にそうと自覚がないことが、差別問題の本質だろうと私は考えるのです。

一生ついてまわる問題ですから、

「差別って何？」

と子どもに問われたら、親は真摯に答えるべきだと思います。

では、どう答えればいいか。

私は、一言で、こう言います。

「**弱い心の持ち主**」

実際、そう言うと、

「なんでぇ！」

という疑問の声があがりました。

「差別」という意識がないにせよ——、自分より劣ると思う相手を嘲笑することが、なぜ弱い心の持ち主なのか、理解できないのでしょう。

私は、こう説明しました。

「たとえば徒競走で、二番だったとするね。心が強くてファイトのある人は、〝よし、練習して、今度は一番になってやる〟と自分を奮い立たせます。ところが、弱い心の人は、そんなファイトがないため、自分より足が遅かった人を引き合いに出して、〝どうだ、俺のほうが早いんだ〟と威張る。見下すことで、自信を持とうとする。自分が頑張って上にあがっていくんじゃなく、相手を見下すことで、さも自分が上にあがったような錯覚を起こすんだね。だから差別をする人は、弱い心の持ち主ということになる」

もちろん、差別をめぐる問題は、そんな単純なものではありませんが、小学生に対しては、こんな譬えでいいと思います。

私は大人と差別について話をするとき、「**差別をしないということも差別である**」と逆説的に言ったりします。子どもになぞらえて、こんな例はどうでしょう。

小学校六年生の兄と一年生の弟がいたとします。二人にお年玉をあげるのに、差別はいけないからといって、一律千円にしたらどうでしょう。公平ではありますが、兄はどう思うでしょうか？

あるいは、非力な人にも、力持ちの人と同じだけの荷物を背負わせるのはどうでしょう。平等ではあっても、本当の意味で平等になっているのかどうか。

「差別をしない」

と一言で言うのは簡単ですが、突き詰めていけば深い意味を持っていることを、頭の片隅に置いて、子どもに接する必要があるのです。

? 37 なぜ、電車の中で、ものを食べてはいけないの?

昼間、空いている電車の中で、座席に座っておにぎりやパンを食べている若い人を、ちょくちょく見かけます。いつのころからそんな姿を目にするようになったのか定かではありませんが、コンビニの発展と無関係ではないような気がしています。駅のコンビニで買って電車に飛び乗る――そんなところかもしれません。

私は子どもにも孫にも、電車内での飲食は絶対にさせません。

孫娘が低学年のころですが、電車に乗って遊園地に遊びに行く途中、リュックからお菓子を出そうとしたので、

「電車の中で食べたらだめだよ」

ピシャリと言いました。

孫娘は不服そうな顔で、

「どうして？」

と問いかけてきました。離れた席で、高校の男子生徒たちが菓子パンを食べながら、ワイワイ話をしていたからです。その姿に目をやりながら、「どうして私は食べてはいけないの？」という疑問を抱いたのでしょう。

「〇〇ちゃんだけでなく、電車で、ものを食べるのはみっともないことなんだ。あそこで食べてる高校生は、そのことを知らないんだね」

と告げてから、その理由をこう説明しました。

「**電車はみんなが一緒に乗っている**でしょう。そのなかで、パンや、おにぎりや、お菓子を食べたりすると、匂いが嫌いな人がいるかもしれないよね。クチャクチャ噛む音が嫌いな人だっている。ジュースを飲んでいると、電車が揺れたときにこぼすことだってあるでしょう？　だから、電車の中では食べたり飲んだりしてはいけないんだよ」

さらに、もう一押し。

「ものを食べるのは、おうちかお店。オシッコはトイレ、裸になるのはお風呂。ちゃんと、場所が決まっているんだ。トイレで食事して、お風呂でオシッコしたらおかしいだろう。**場所をきちんと守れないのは、恥ずかしい**ことだね」

「フーン」

　と一応、納得してくれました。

　高学年になると、公私の話をします。

「**公《おおやけ》に私事《わたくしごと》を持ち込むことも、私事に公を持ち込むことも、やっちゃいけないこと**。これを〝公私混同〟というんだ。電車の中は公共の場であり、ものを食べるというのは私的なこと。電車の中で、ものを食べるというのは、公において私事をやっていることになる。これは人間として恥ずべきことだ」

　ついでに言えば、若い女性が電車の中で睨めっこしながら、熱心に化粧をする姿をよく見かけます。これがみっともないのは、化粧という〝舞台裏〟を見せることに恥じらいがないことと、公の場において私事をしているからです。

　だから、レストランなどお店では、私の子どもが小さいときも、孫たちも大きな声を出したり、騒いだりすればガツンと叱りました。道場においても、休憩時間は別ですが、子どもたちが稽古中にふざけていると叱りつけます。

「それぞれの場所には、守らなければならないことがある。学校は勉強するところ、スイミングスクールは泳ぐところ、レストランは食事をするところ、道場は稽古をするところだ。ペチャクチャしゃべるのはもってのほかだ」

「電車の中で、なぜ、飲食してはいけないのか」という疑問は、マナー云々よりも、公私に関わる大切な問題を含んでいるのです。

？ 38 なぜ、学校へ行かなければいけないの？

学校へ行くのが嫌になったとき、億劫になったとき、子どもが必ず口にする疑問の一つです。

「早く支度をしなさい！　学校に遅れるわよ！」

このセリフは親の定番ですが、こんなとき子どもは、

「どうして学校へ行かなくちゃならないんだ」

と、口に出すかどうかはともかく、心の中でブツクサ言っているものです。

大人だって、仕事が大好きで働いている人は少数派で、会社を休みたくなるときがありますが、「生活の糧を得る」というハッキリとした目的がありますので、頑張って出社します。

ところが子どもには、そうした目的意識は希薄です。自分の意志とは関係なく、

「学校は行くものである」とされているため、登校しているにすぎないのです。試しに「なぜ、学校へ行くのか？」と道場で質問すると、

「義務教育だから」

と、高学年になると答えます。

さらに問うと、

「じゃ、義務じゃなかったら行かないかい？」

「行かない！」

本気かどうかはともかく、多くの子どもからそんな答えが返ってきます。

そこでもう一歩踏み込んで、

「どうして義務なんだろう？」

と問うと、

「知識を身につけるため」

「バカになると大人になって困るから」

といった意見を口にするなかで、

「でも、知識なら、学校へ行かなくても自分で勉強すればいいじゃん」

と言った男子がいます。

これこそまさに、「なぜ、学校へ行かなければならないの？」という本質的な問いかけになったのです。

「学校は集団生活をするところだから、そのことも勉強じゃない？」

女子が言えば、

「集団生活なら、学校でなくてもできるだろう」

別の男子が反論します。

「学校は友達をつくる場」

「学校でなくても友達はできる」

侃々諤々《かんかんがくがく》の議論になりましたが、「学校は大切」という〝登校擁護派〟は劣勢で、〝否定派〟や〝懐疑派〟のほうに勢いがありました。「義務である」ということを外せば、学校へ行かなければいけない積極的な理由が見つけられないでいる――私は、そう感じたのです。

実際、義務教育でなければ、学校は行かなくていいと、私は思います。しかし、義務教育である以上、

「行かなくていいんだよ」

という答えは――不登校で悩んでいる子どもは別として――感心しません。登校しなければならないと決まっているなら、そこに**積極的な意味を見いだすようアドバイスするのが、親の務め**ではないでしょうか。

私は、こんな話をしました。

「勉強は塾でもできるし、友達だってサークルに入ればできる。集団生活の訓練もできると思う。だけど、それらは個別に存在しているんだね。譬えて言えば、ラーメンが食べたければ中華料理屋、寿司が食べたければ鮨屋さんへ行けば食べられる。**「学校」というのは、総合レストラン**であり、ラーメンから寿司からステーキから何でもあるんだ。レストランに入って、いろんなメニューを見て食べるものを決めることができる。ここに学校の素晴らしさがあるんじゃないか？」

食べるものとは「夢」や「希望」のことです。宇宙飛行士、発明家、音楽家、警察官に消防士、看護師、ビジネスマン……といった**将来の夢や希望のタネが、学校にはたくさんある**――そんな話をしました。

学校には欠点はいろいろあります。集団生活ゆえのいじめ問題もあるでしょうし、教職員の不祥事を持ち出すまでもなく、子どもを指導する立場として適正を問われる人もいます。

しかし、現実として、学校には通わなければなりません。不登校に悩んでいる子どもを別にすれば、

「行きたくない」

「じゃ、休めば？」

という対応は、子どもを甘やかせることになります。子どもがなぜ、学校に行きたくないと言うのか注意深く観察をしたうえで、怠け心からだと判断すれば、叱るのではなく、

「頑張って！」

明るく言ってあげるのがいいようです。

「どうして学校へ行かなくちゃならないんだ」

と、頬をふくらませたら、帰宅してから、先の話をしてあげればいいでしょう。

? 39 どうやれば、上手に断れるの？

大人でも、上手に断れなくて、嫌々ながら引き受けてしまうことが少なくありません。頼むのは相手の勝手なのですから、堂々と断ればよさそうなものですが、そうはできないところが人間心理の不思議です。

「ま、いっか」

と割り切れる人はいいのですが、断れない自分に落ち込み、意志が弱いのではないかと、くよくよ悩むようになったのでは問題です。こうした悩みは対人関係において生じるものですから、小学校の低学年には少なく、高学年に多く見られるものですが、これから中学、高校と進むにつれて人間関係はさらに複雑多岐にわたりますので、

「相手がどう思うと、キミが嫌だと思えば断っていいんだよ」

ということを、順序立て、きちんと話してあげる必要があります。「**頼まれ事をどう断るか」ということは、人間関係の初歩であり、同時に最終目標でもある**。つまり、人間関係の基本に関わるということなのです。

まず、「なぜ、断れないのか」ということを、子ども自身に考えさせてください。高学年であれば、お金の話に譬えるとわかりやすいでしょう。道場で稽古の休憩時間に雑談をしていたときのことです。話の成り行きで、こんな問いかけを高学年の子どもたちにしたことがあります。

「クラスメートから百円貸してと頼まれたとき、キミたちは貸すのが嫌だった場合、堂々と断れるかい？」

「断れる」

と言う子は少なく、

「堂々とは断れないかな」

「百円だったら貸しちゃうかも」

そんな答えが返ってきました。

なぜかと問うと、

「だって、断ったら悪口を言われるかもしれないもの」

「百円だもんね」

と、同調しています。

実は、これは子どもに限りませんが、平気で、ものを頼んでくる人というのは、断りにくいスレスレを言ってくるものです。大人でも、「百万円貸してください」と言ってくれれば、

「無理ですよ」

と断れますが、

「五万円、なんとか貸していただけませんか？」

と頼まれればビミョウで、貸せない金額ではないでしょう。それを断るということは、「お金を貸すこと自体がイヤ＝ケチ」か、「あなたに貸したくない＝あなたが嫌い」という図式になります。

ケチと思われるのもイヤだし、あなたが嫌いとメッセージして険悪な関係になるのもイヤ——この心理が働くから、不本意ながら貸すことになる。

一方、平気で借金を申し込んでくる人も、相手のこの心理を知っており、そこに

つけ込む金額を口にするのです。もちろん、本当に困って、藁をもつかむ気持ちで借金を申し込む人もなかにはいるでしょうが、そうであるかどうかは、相手を見ればわかることですね。

子どもの世界も、これと同じです。

「嫌われたくない、悪口を言われたくない、険悪な関係になるのはイヤだ」という思いから、「百円貸して」「本を貸して」「掃除当番を代わって」という頼み事が断りにくくなるのです。

この**自分の心理をハッキリと認識したうえで、丁重に断ればいい**のです。

「百円貸して」

と頼まれれば、

「ごめんね。私のお小遣いはママに預けてあるから貸せないの」

「ごめんね。いまお金を貯めているので貸せないの」

一例ですが、断るのが苦手な子は、こんな言い方をすればいいと説明してあげてください。

こちらが意を尽くしても、断れば悪口を言う身勝手な子もいます。そういう子は、

頼みを聞いてあげると、どんどん要求がエスカレートしていくものです。

「だから、仲が悪くなればありがたいことじゃないの。そういう子の言うことは誰も信じやしないから、悪口を言われても大丈夫よ」

と励ましてあげればいいのです。

非行少年の恐喝が暴力事件にエスカレートしていくのは、恐喝に何度も応じてきた少年がついに耐えかね、断ったときに、相手がカッとなって起こるケースが少なくないのです。**勇気をもって最初からきちんと断る。「ノー」と言えるかどうか、人生はここが大切である**と教えてください。

?

40

いつから大人になるの？

「大人になったら」

という言い方を、親はよくします。

「僕も自動車を運転してみたいな」

子どもが願望を口にすれば、

「大人になったらね」

「僕も、お酒を飲んでみたいな」

「大人になったらね」

「お城のような家に住みたいな」

「大人になって、お金をたくさん稼いだら建てられるわよ」

とりあえず〝先送り〟できる話は、「大人になったら」——ですませます。実際、そうとしか答えようがありませんし、成長を心待ちにする親心もあるでしょう。そして子どもたちも、「大人になったら」という言葉を受け容れています。

「大人は、身体も大きいし、何でも知っているし、僕たちより偉い人」

といったイメージです。

しかし、学年が進み、「社会」というものを次第に客観視するようになってくると、大人の身勝手さなども目につくようになってきます。無条件で受け容れてきた大人の権威が揺らぎ、

（大人って、そんなに立派なのか？　大人って何なんだ？）

そんな疑問を――漠然とですが――いだくようになるようです。

さてそこで、「大人って何？　いくつから大人になるの？」と問われたら、何と答えるでしょうか？

「二十歳になったら大人」

と言うのも正解の一つですが、婚姻は女性は十六歳、男性は十八歳でできますし、選挙権が十八歳に引き下げられ、それにともなって「少年法」の改正が論議されるなど、概念としての「大人」と「少年」の境界が曖昧になりつつあります。

「法律で決まっていて、二十歳になったら大人と認められるから、お酒を飲んでもいいのよ」

という説明では、説得力に欠けるでしょう。

私は、子どもの自覚をうながすため、法律でいう大人と、人間としての大人を分けて説明します。

「法律では二十歳から大人になる。たくさんの人がいるから、年齢を決めて〝大人扱い〟にするんだね。でも、世の中には立派な大人もいれば、そうでない大人もいる。**立派な大人とは責任感があって、約束をきちんと守ったり、頑張って仕事したり、人の役に立ったりする人のこと**だね。立派でない大人とは、平気で人を裏切ったり、怠けて仕事をしなかったり、ウソをついたり、自分さえよければ人はどうでもいいという生き方をしている人のこと。

ということは、二十歳を過ぎて、法律的には大人でも、人間としては大人になっていない人もいれば、年齢は二十歳になっていなくても、大人と呼んでいいような立派な若者もいるということになるね」

だから、キミも立派な大人になってほしい——と結べばいいでしょう。

小学生にはこの説明で十分ですが、問題は、このことを話して聞かせるあなた自身——すなわち、**親が、子どもの目から見て「立派な大人」であるかどうか**です。

親は、子どもがこの世に生を授かって初めて接する「人生の師」です。「育てる」ということは、身体だけでなく、全人格をも育むことであり、このことをもって親の責任だろうと私は考えるのです。

「自分は子どもたちから見て、尊敬される人間だろうか？」

この自問を胸に刻み、常に問いかけることが、「子どものなぜ」に対する正解になっていくのです。

向谷匡史（むかいだに・ただし）

作家。浄土真宗本願寺派僧侶。保護司。日本空手道「昇空館」館長。保護司として非行少年の更生に尽力する一方、幼児・小学校低学年を対象に「空手 しつけ教室」を開くなど、現場で実践活動をしている。主な著書は、『名僧たちは自らの死をどう受け入れたのか』（青春出版）、『良寛 清貧に生きる言葉』（青志社）、『怒る一流 怒れない二流』（フォレスト出版）、『会話は「最初のひと言」が9割』（光文社）、『田中角栄「情」の会話術』（双葉社）など多数。

著者ホームページ　http://www.mukaidani.jp/

考える力を育てる
子どもの「なぜ」の答え方

2016年11月30日　初版第一刷発行

著者　向谷匡史
発行者　小柳学
発行所　株式会社 左右社
東京都渋谷区渋谷2-7-6-502
Tel. 03-3486-6583
Fax. 03-3486-6584
http://www.sayusha.com

装幀　松田行正＋杉本聖士
イラスト　永井ひでゆき
編集協力　拓人社（小松卓郎）
印刷・製本　創栄図書印刷株式会社

 ISBN978-4-86528-160-6